WIDMUNG

Dieses Buch ist meinem Ehemann Steven und unseren erstaunlichen Kindern Alexander und Liliana gewidmet. Steven und ich verdanken Angela und jedem, der an unserer Leihmutterschaftsreise beteiligt war; so viel – ihnen ist dieses Buch ebenfalls gewidmet. Auch möchte ich mich bei Stefanie K. für die großartige Übersetzung dieses Buches ins Deutsche bedanken.

W0395136

INHALTSVERZEICHNIS

Dieses Buch wurde konzipiert, um hilfreiche Informationen über das besprochene Sachgebiet zu liefern. Es wird mit der Einigung verkauft, dass weder der Autor noch der Herausgeber beauftragt ist, Leistungen jeglicher Art der psychologischen, legalen oder anderen Arten professionellerBeratung zu leisten. Es gibt viele Fachleute, die Auskunft über das angegebene Sachgebiet anbieten.

Der Inhalt dieses Buches ist der einzig und alleinige Ausdruck und die Meinung des Autors und nicht unbedingt die des Herausgebers. Weder der Herausgeber noch der Autor sind haftbar für jede Art von physischen, psychischen, emotionalen, finanziellen oder kommerzielle Schäden, einschließlich, aber nicht beschränkt auf, spezielle, zufällige, Folge-oder sonstige Schäden begrenzt.

Unsere Ansichten und Rechte sind die gleichen: Sie sind selbst verantwortlich für Ihre eigenen Entscheidungen, Handlungen und den daraus resultierenden Folgen und wir empfehlen, dass Sie sich, wo möglich, Fachberatung einholen. Die Literaturnachweise sind ausschließlich des Informationszweckes bereitgestellt und begründen nicht die Befürwortung von irgendwelchen Webseiten oder anderen Quellen. Der Leser sollte sich darüber im Klaren sein, dass die Informationen um das Thema „Internationale Leihmutterschaft“ dynamisch sind und so, genau wie die in diesem Buch aufgelisteten Webseiten, sich ohne Vorbescheid ändern können.

1 VORWORT

Steven und ich lernten uns am 27. August 2005 in Mykonos, Griechenland kennen. Es klingt sehr klischeehaft, aber ich erinnere mich daran als wäre es gestern gewesen. Unser Freund Stan, der uns seit gut einem Jahr versuchte uns einander vorzustellen, hatte es endlich geschafft. Es war 23:00 Uhr an einem überfüllten, heißen Platz und ich wusste, dass ich die Liebe meines Lebens getroffen hatte.

Wir hatten unser erstes Date am 14. Oktober (da wir beide in London lebten, war unser Sozialleben unglaublich beschäftigt, deshalb die 6 Wochen Wartezeit), und waren seitdem sehr oft zusammen.

Ganz ehrlich: Ich dachte niemals, dass ich einmal heiraten würde, da es niemals etwas war, das je auf dem Plan stand. Doch von dem Moment unseres Treffens an, wusste ich, dass ich den Rest meines Lebens mit Steven verbringen möchte. In meiner Fantasie wollte ich die Welt wissen lassen, dass ich den erstaunlichsten Mann auf Erden kennengelernt hatte und ihn heiraten wollte. Als wir also ungefähr 2 Jahre zusammen waren, begannen wir darüber zu reden, ob wir unsere Beziehung in England als eine eingetragene Lebenspartnerschaft eintragen lassen sollten.

Unter unseren Freunden waren wir unter den ersten, die den Weg der eingetragenen Lebenspartnerschaft gingen, und als wir es erwähnten, gab es welche, die begeistert darauf reagierten, ein paar, die komplett gleichgültig reagierten und die, die sagten: „Warum sollte man das tun?"

Es ist lustig und interessant, wenn ich im Nachhinein daran zurückdenke, dass wir circa 2 Jahre später exakt die gleichen Reaktionen darauf erhalten würden, als wir anfingen mit den gleichen

Leuten über die Möglichkeit sprachen Kinder zu bekommen.

Am 24. Mai 2008 hatten wir unsere standesamtliche Heirat, die von unseren jeweiligen Familienmitgliedern und einer Handvoll unserer engsten Freunde beigewohnt wurde. Für die meisten Leute scheint das vielleicht die Krönung unserer Romanze zu sein und der Beginn unseres Happy Ends, doch Anfang 2009 begannen wir über die Idee zu sprechen, eine Familie zu gründen.

Ich kann mich nicht wirklich daran erinnern, was der Auslöser für die Umwandlung des „perfekten homosexuellen Lebens“ in „eine Familie gründen“ war, doch es schien definitiv die natürliche Entwicklung unserer Beziehung zu sein. Zu diesem Zeitpunkt waren wir schon einige Jahre zusammen und wir versuchten herauszufinden, was uns in unserem Leben wichtig war.

Wir hatten eine wunderschöne Wohnung in London gekauft, hatten ein tolles Auto, wir reisten regelmäßig ins Ausland, wo wir in erstaunlichen Hotels wohnten. Ich kann das alles definitiv unter die Macht der „Kaufkraft der Homosexuellen“ stellen, was zustande kommt, wenn ein schwuler Mann arbeitet und Geld verdient ohne die Verantwortlichkeiten tragen zu müssen, die Hand in Hand mit einer Familie gehen. Im Grunde genommen machten wir uns keine Gedanken über unsere Möglichkeiten, die wir hatten – Dinge, an die die meisten Paare nicht denken würden, wenn sie damit beginnen, Geld für die Ausbildung ihrer Kinder zu sparen oder sich ein Haus kaufen, usw.

Objectiv betrachtet, verbrachten wir die ersten paar Jahre nach unserer Hochzeit damit, die tollste Zeit zu haben. Wir erlebten das Leben echt in einer aufregenden und rücksichtsvollen Art und Weise. Aber es bestand nicht nur darin, unser schönes Leben zu teilen und wir überlegten was wir mit anderen würden teilen wollen. Wir sind beide sehr fürsorgliche und liebevolle Menschen – warum sollten wir diese Liebe nicht auch mit Kindern, unseren eigenen Kindern, teilen?

Tief im Innern wussten wir, dass wir großartige Eltern sein würden. Wir hatten beide gut bezahlte Jobs, was hieß, dass wir die finanziellen Mittel hatten um sicherzugehen, dass ein Kind finanziell abgesichert wäre. Doch wir wussten, dass das nicht alles war; wir hatten auch die emotionale Fähigkeit, gute Eltern zu sein. Wir würden in der Lage sein, sicherzustellen, dass wir unserem Kind die Liebe schenken konnten, die wir zu geben hatten – und das war etwas, das wir beide so sehr wollten.

Deshalb wurde „Kinder kriegen" auch immer mehr zum Thema für uns. Wir redeten nicht nur unter uns darüber, sondern auch mit unseren Freunden, Kollegen und jedem, der uns zuhörte warum wir möglicherweise Nachkommen könnten haben wollen! Wir taten das subtil, da wir dachten es wäre eine gute Idee, die echte Meinung der Leute zu dem Thema zu erhalten, ohne ihnen unsere Meinung zu projektieren.

Dieses Buch ist das Ergebnis von dem, was wir über den gesamten Prozess gemacht haben und warum wir taten was wir taten bei jedem Schritt unseres Weges. Es sollte nicht als der definitive Weg der Leihmutterschaft angesehen werden, also bitte nehmen Sie es nicht als solches. Und doch ist es gleichzeitig so strukturiert, dass jedes Kapitel ein Schritt des Ablaufs ist und am Ende eines jeden Kapitels sind Fragen, die Sie sich dann selbst stellen sollten. Ich hoffe, dass Ihnen das ermöglicht, besser über den ganzen Prozess informiert zu sein.

Alles in diesem Buch ist, nach meinem besten Wissen, zum Zeitpunkt des Druckes richtig. Jede Reise der Familiengründung ist verschieden, also wird es Abweichungen bei manchen Dingen geben - doch ich denke, dass der Prozess sehr ähnlich ist – ist er es nicht, bitte ich um Entschuldigung. Es liegt nahe, dass sich Situationen und Gesetze ändern, darum ist es dringend notwendig, dass Sie sich so gut wie es geht informieren, wie sehr sich ihre Reise von unserer unterscheiden wird. Ich bin kein Anwalt, keine Agentur, geschweige denn ein Arzt für künstliche Befruchtung und so beschreibt dieses Buch das, was wir auf unserem Weg erlebten – bitte halten Sie sich das vor Augen, dass sich Ihre Reise von unserer unterscheiden wird.

Sie müssen auch sicherstellen, dass alles legal ist, was Sie tun in dem Ort, in dem Sie sich befinden oder suchen, zum Beispiel ist Leihmutterschaft in bestimmten Staaten der USA illegal. Nachdem Sie dieses Buch gelesen haben, würde ich Ihnen raten, sich mit einem Fachmann in Verbindung zu setzen, um die einzelnen Gedankengänge durchzugehen, sodass der Ablauf für Sie klar ist.

Besonders in den rechtlichen Angelegenheiten und dem Einwanderungsprozess würde ich Ihnen dies raten (in den USA oder im Vereinigten Königreich). Doch wenn Sie dieses Gespräch mit Ihrem Anwalt führen, können Sie die Informationen in diesem Buch als eine Basis für viel besser informierte Gespräche mit den Fachleuten nutzen. Das ist für den Anfang für alle eine gute Grundlage.

Dieses Buch ist wirklich nicht las unsere Memoir gedacht, doch um manche Punkte bringen zu können, muss es leider eine Art Memoir sein. Also entschuldigen Sie bitte manch scheinenden Narzismus! Und, wie ich bereits erwähnte, wird hier weder der „richtige" noch der „einzige" Weg die Dinge anzugehen beschrieben. Dieses Buch wurde für Menschen geschrieben, die unbefangen Informationen von einem Paar erhalten möchten, das den Leihmutterschafts-Prozess durchlebt hat. Wir lernten viel dabei und sind glücklich darüber, Ihnen die meisten Informationen, wenn auch nicht alle, näher bringen zu können, damit der gesamte Leihmutterschafts-Vorgang transparenter für Sie werden kann.

Andernfalls könnten Sie, als jemand, der nicht vollends über den Prozess Bescheid weiß, das Risiko tragen, ausgenutzt zu werden. Darum ist das Ziel dieses Buches Ihnen ein Startpunkt mit einem Level an Informationen zu sein, die Ihnen helfen, informative Gespräche mit Fachleuten der Leihmutterschafts-Industrie zu führen.

Dieses Buch ist dazu bestimmt, Ihnen an jeder Gabelung Ihres Weges zu helfen, die richtige Entscheidung zu treffen mit so vielen wie möglich. Letztendlich ist es IHRE Familie und Sie sollten in der Lage sein, sie so zu gestalten, dass es für Sie funktioniert.

3 EINE FAMILIE GRÜNDEN

Also hatten wir die größte Entscheidung darüber getroffen, ob wir weitermachen sollten oder nicht. Doch das Wichtigste an der Entscheidung war, herauszufinden wie genau wir eine Familie gründen wollten. Wollten wir adoptieren, Co-Eltern werden oder den Weg der Leihmutterschaft gehen?

Co-Elternschaft bedeutet, dass man sich die elterliche Rolle mit einer anderen Person teilt, mit der man nicht zwangsläufig in einer Beziehung ist. Wir hakten Co-Elternschaft fast sofort ab, da wir fanden, dass dies nicht die richtige Option für uns war.

Wir dachten definitiv darüber nach, ob wir adoptieren sollten, doch ehrlich gesagt fiel uns die Wahl zwischen Adoption und Leihmutterschaft nicht schwer. Konkret: Wir wollten den Weg der Leihmutterschaft gehen, da wir wirklich Kinder wollten, die genetisch mit uns verbunden waren. Und außerdem hatten wir Freunde, die ihre Familie durch Leihmutterschaft gegründet haben, also wussten wir, dass es möglich war und als wir uns über Adoption informierten, bestätigte das unseren Denkprozess.

Wir sind wirklich der Meinung, dass es viele Kinder gibt, die ein liebevolles und stabiles Umfeld brauchen und so wäre eine Adoption gesellschaftlich „das Richtige". Wir wurden immer wieder gefragt, warum wir nicht adoptiert haben und es ist interessant, sich zu fragen wie manche normale Paare, die schwanger werden, ob durch IVF oder auf natürlichem Weg, das Gleiche gefragt werden. Ich bezweifle, dass viele das machen, also warum wird so ein sozialer Druck auf eine homosexuelle Person mit Kinderwunsch ausgeübt, den Adoptionsweg zu gehen?

Ich bin sicher, dass das ein Gesprächsthema ist, das man tagelang weiterführen könnte, aber als wir uns mit dem Thema Adoption beschäftigten, war es so, dass in unserem Fall, aufgrund unseres Altersdurchschnitts (für die Neugierigen – er lag bei 42), uns mitgeteilt wurde, dass wir ein Kind im Alter von mindestens 3 Jahren bekommen würden. Das war nicht das, was wir wirklich wollten, sondern ein Neugeborenes. In diesem Alter im Leben eines Kindes ist es sehr schwer daran zu denken, was es alles durchmachen musste bis zu dem Punkt, an dem es adoptiert werden muss; Missbrauch, Vernachlässigung oder war es ein Waisenkind? Man weiß das nie genau und, ob richtig oder falsch, das machte uns Angst (zugegeben, vielleicht nicht, was das Kind durchlebt haben könnte) aber trotzdem festigte das unsere Ansicht, dass für uns Leihmutterschaft der richtige Weg war. Unsere Entscheidung Leihmutterschaft in Betracht zu ziehen, war nun getroffen.

Bevor ich weiter davon berichte, wie es weiterging, sollte erwähnt werden, dass es zwei unterschiedliche Arten der Leihmutterschaft gibt - Traditionelle- und Gestationsleihmutterschaft. Traditionelle Leihmutterschaft bedeutet, dass die Frau, die das Kind austrägt auch die Eizellenspenderin ist. Für uns öffnete sich eine ganze Reihe von möglichen Problemen, da die Leihmutter genetisch mit dem Kind verbunden wäre und man daher ganz genau darüber nachdenken sollte.

Bei der Gestationsleihmutterschaft ist die Frau, die das Baby austrägt so gesehen nur der Brutkasten, oder wie wir sie nannten, die „Bauchmama". Wir lieferten das Sperma, eine andere Frau war die Eizellenspenderin und dann, erst einmal befruchtet, wurden die Eizellen in die Bauchmama „zum Brüten" transferiert. Aber mehr über sie später!

Wunscheltern, auch IP`s genannt, sind einfach die Menschen, die irgendwann an einem bestimmten Zeitpunkt in der Zukunft Eltern werden möchten. Es ist komisch in eine Klassifikation wie dieser gruppiert zu werden, da ich mich niemals wirklich so sah – aber egal, es ist ein Begriff, den ich in diesem Buch noch öfters gebrauchen werde.

Zurzeit (2013) ist alles, was mit Leihmutterschaft zu tun hat im Vereinigten Königreich so ein Minenfeld. Ohne viel darüber zu lesen und zu sprechen (einschließlich mit Rechtsanwälten), ist es sehr schwer herauszufinden, was das Gesetz vorschreibt. Jeder hat eine Meinung dazu welche Dinge legal und illegal sind, wer die Rechte hat, usw.

Wie die Dinge stehen, weiß ich, dass kein Dritter Geld an der Leihmutterschaft verdienen darf, daher sind Leihmutterschaftsagenturen verboten. Weder dürfen Leihmütter dafür werben, dass sie überhaupt ein Kind für jemand anderes austragen möchten, noch dürfen Wunscheltern öffentlich nach einer Leihmutter suchen. Diese Situation ist unabhängig von der Sexualität.

Dann, um die Sache noch komplizierter zu machen, hat im Vereinigten Königreich die Frau, die das Kind zur Welt bringt das Recht ihre Meinung bis zu 6 Wochen nach der Geburt darüber zu ändern, ob sie das Kind abgeben will. Das gilt für Mütter, die ihre eigenen Kinder zur Adoption frei gegeben haben genauso wie für Mütter, die für andere Paare ein Kind austragen (zum Beispiel Leihmütter).

Wir hörten von einem heterosexuellen Paar, das eine Gestationsleihmutter hatte, die ihnen ihr Baby (das Sperma und die Eizellen stammten von den Wunscheltern) austrug und nach der Geburt entschied es zu behalten... Am Ende mussten sie dann Unterhalt für das Kind an die Leihmutter zahlen, da sie, durch das Recht des Vereinigten Königreichs, die darauf folgende Gerichtsverhandlung gewann. Wir dachten lange und angestrengt darüber nach und waren uns einig, dass wenn uns das passieren würde, wir so erschüttert darüber sein würden, alle Ängste einer Schwangerschaft durchzustehen und dann nicht das Kind zu bekommen. Das würde nur unendlichen Schmerz und Ärger verursachen.

Als nächstes fragten wir uns, in welcher Gerichtsbarkeit wir den eigentlichen Leihmutterschafts-Prozess machen sollten. Wir dachten über die verschiedenen Länder nach, in denen Leihmutterschaft erlaubt ist, einschließlich Indien, Thailand, der Ukraine und Südafrika und natürlich schauten wir auf die verschiedenen Kosten in diesen Ländern.

Obwohl eine der günstigeren Optionen, haben wir uns zum Glück nicht für Indien entschieden, da es nun gleichgeschlechtlichen Paaren nicht gestattet ist, Kinder durch Leihmutterschaft zu bekommen. Wir warfen auch einen Blick auf die anderen Länder. Wir haben keine genetische Verbindung zu Südafrika, was eine Voraussetzung dort ist, also war dies keine Option und die anderen Länder sprachen uns dann ehrlich gesagt nicht an. Also wendeten wir uns unserer ersten Option zu, welche die Leihmutterschaft in den USA war.

Warum haben wir das gemacht? Aus drei bestimmten Gründen: 1) Da Steven Amerikaner ist, gab uns das eine Verbindung zu seinem Heimatland, 2) Haben die USA den bewährten Rechtsrahmen, sodass alles seine Richtigkeit hat, und 3) wird Leihmutterschaft dort verstanden und ist jetzt ein häufigerer Trend und, obwohl kompliziert, ein verständliches Konzept.

Fragen, die jetzt gestellt werden sollten

a) Möchten Sie ein Kind adoptieren, Co-Elternteil werden oder den Weg der Leihmutterschaft gehen?
b) Wenn Sie sich für Leihmutterschaft entscheiden – in welcher Gerichtsbarkeit möchten Sie sie machen?
c) Möchten Sie eine traditionelle oder eine gestationale Leihmutter?

4 DIE LEIHMUTTERSCHAFTSAGENTUR

Wie kamen wir dann also zu dem Punkt welche Agentur wir nehmen sollten? Es ist natürlich möglich den Leihmutterschaftsprozess allein zu bewältigen, aber wir fanden, dass man ja auch kein Haus ohne einen Architekten/Generalunternehmer bauen würde; Warum sollten wir also versuchen eine Familie zu gründen ohne eine darauf spezialisierte Agentur.

Natürlich beinhaltet das Heranziehen einer dritten Person, die bei dem Ablauf hilft, auch einen Kostenfaktor, aber in dieser Phase hatten wir keine Ahnung wie hoch genau dieser sein würde. Unglücklicherweise wird kein Betrag der Onlinerecherche Ihnen den Endbetrag sagen können, weil es so eine dynamische Situation sein kann, in der Sie einen Anhaltspunkt, aber keine definitive Zahl genannt bekommen, bevor alles erledigt ist! Der Betrag scheint zwischen $100.000 und $125.000 zu liegen, doch ich werde auf die genauen Kosten in Kapitel 27 näher eingehen.

Nun da Sie wissen, wie der Ablauf ist, ist es interessant zu verstehen, dass es mehrere Optionen gibt, wenn man eine Leihmutterschaftsagentur aussucht. Manche Agenturen sind Anlaufstellen für den Leihmutterschafts-Ablauf, während andere das nicht sind! Manche werden Ihnen buchstäblich die Hand durch den ganzen Prozess hindurch halten und sichergehen, dass Sie über nichts nachdenken oder sich Sorgen machen müssen und dann gibt es andere, die das absolute Minimum tun werden. Es gibt Leihmutter-Finder und Leute, die sagen sie würden eine große Agentur leiten und dann stellen Sie fest, dass diese Leute einfach Leihmütter waren, die durch den Leihmutterschafts-Prozess gegangen sind, jetzt glauben, sie könnten das und beschlossen haben eine Agentur zu gründen.

Anfang 2010 sprachen wir mit einem Freund eines Freundes, der gerade einen Jungen durch Leihmutterschaft bekommen hatte und er empfahl uns, dass wir anfangen sollten uns online über die größeren Agenturen in den USA zu informieren. Es ist erstaunlich wie, lediglich durch das Eintippender Worte „Leihmutterschaftsagenturen USA“ im Internet die zwei Top-Agenturen erscheinen – beide müssen ein Vermögen in ihre Öffentlichkeitsarbeit und ihrer Suchmaschinenoptimierung investiert haben oder sie werden einfach oft aufgesucht!

Meiner Erfahrung nach, haben die größeren Agenturen die Eigenschaft, viele Mitarbeiter auf ihrer Gehaltsliste zu haben, doch das heißt nicht unbedingt, dass sie gut sind. Eine gute Frage an eine Agentur, wenn man über die Mitarbeiter spricht, wäre, wie hoch ihre durchschnittliche Fluktuation ist – eine große Fluktuation bedeutet, dass die Fallbetreuer, die nach Ihnen im Laufe des Leihmutterschafts-Prozesses schauen, möglicherweise nicht verfügbar sind während Ihrer Leihmutterschafts-Reise.

Nachdem Sie die Größe der Agentur ermittelt haben, können Sie damit beginnen, welche Auswirkungen das auf ganzer Linie auf Sie haben wird. Zum Beispiel fand ich, dass die kleineren Agenturen typischerweise niedrigere Gemeinkosten haben und daher können sie bedeutend weniger verlangen als die großen Agenturen. Das ist für mich schwer nachvollziehbar, da die großen Agenturen typischerweise alles betriebsintern haben und fähig sein sollten von Größeneinsparungen zu profitieren.

Bekommt man also einen besseren Service von den kleineren Agenturen? Es könnte sein, dass die Mitarbeiter mehrere Fälle bearbeiten, könnte es also passieren, dass sie einen im Stich lassen, weil sie zu beschäftigt sind? Oder haben sie überhaupt die Erfahrung, die es braucht in Ihrem konkreten Fall? Indem Sie mit der Agentur sprechen und Informationen sammeln können Sie herausfinden wie diese überhaupt arbeitet und dann können Sie damit beginnen Ihre Auswahl einzugrenzen.

Das Wichtigste nach dem man schauen sollte ist die Größe der Agentur – es lohnt sich herauszufinden, die die Agentur ihre Kunden behandelt. Manche sortieren ihre Kunden in „internationale“ und „inländische“ Kunden aus – in inländische Kunden, die Wunscheltern sind, die in den USA leben und internationale Kunden, die Wunscheltern von irgendwo anders sind.

Warum machen sie das? Ich denke, der Grund hierfür hat mit der Krankenversicherung zu tun und ob die Leihmutter ihre eigene Krankenversicherung hat oder nicht. Auch ist alles bei Amerikanern um das Thema Leihmutterschaft in den USA viel einfacher und darum können sie früher und viel schneller damit beginnen. Das Thema Versicherung ist ein Minenfeld, auf das ich in Kapitel 7 viel detaillierter eingehen werde.

Das führt natürlich zu der Frage, wie viele wartende Wunscheltern die Agentur gerade in ihren Büchern hat und wie lange die durchschnittliche Übereinstimmungszeit dauert?

Eines der sehr wichtigen Dinge, an die man auch denken sollte, ist, was passieren würde, wenn man die Agentur, mit der man arbeitet, nicht möchte und man sein Geld zurückbekommen will. Die Antwort darauf hängt von vielen Faktoren ab, doch wenn die Firma im Besitz eines Rechtsanwalts ist, besteht die Möglichkeit, dass Sie Ihr Geld zurückbekommen, da Rechtsanwälte unter den rechtlichen Rechtsanwaltskammerverordnung stehen, während Agenturen das nicht tun. Anwälten ist es erlaubt für erledigte Arbeit Rechnungen zu stellen, sie müssen aber alles zurückzahlen, was noch nicht an Leistung erbracht wurde. Jedoch werden Sie feststellen, dass die meisten Agenturen, die von Anwälten geführt werden, ihr Geschäft in zwei Teile aufteilen. Die Anwälte (die die Verträge aufsetzen und die Gerichtsarbeit machen) und die „Agentur“, die für alles andere da ist. Denken Sie daran, dass Teil zwei eigentlich auch ein paar rechtliche Angelegenheiten beinhaltet. Zum Beispiel erlauben nur ein paar Bundesstaaten die Leihmutterschaft und die Agentur muss wissen und Ihnen erklären können, in welchen Bundesstaaten Leihmutterschaft erlaubt ist und in welchen nicht. Aber die Hauptaufgabe des Agenturteils ist die Fallbearbeitung Ihrer „Reise“. Darum können manche Agenturen Teil zwei unreguliert lassen und in einen nicht zurückerstattbaren Teil ihres Geschäfts ändern.

Das hat auch später Auswirkungen, da die Wunscheltern Kundenschutz haben, wohingegen man bei einer Agentur keinen Rechtsschutz hat. Rechtsanwälte (und alle, die für sie arbeiten), müssen nach bestem Gewissen für ihre Klienten handeln – immer – und so lange wie der Klient etwas rechtlich tut, sollte der Anwalt das unterstützen. Muss die Agentur sich dann die gleichen Regeln halten – Nein!

Darum sollten Sie definitiv nachfragen, wie Ihre Agentur handeln wird, wenn es einen Konflikt zwischen den Wunscheltern und der Gestations-Leihmutter gibt. Meiner Meinung nach sind die Klienten des Anwalts die Wunscheltern und darum sollten diese immer oberste Priorität für ihn sein und ihm solllte am Herzen liegen, jegliche Probleme in Ihrem Interesse zu lösen. Haben Sie erst einmal Ihre Auswahl eingeschränkt, sollten Sie die Agentur eine Reihe an Fragen über die Eizellenspenderinnen und Leihmütter stellen.

Als erstes fragen Sie, wie die Agentur ihre Leihmütter findet. Über Mund-Propaganda und Empfehlungen von früheren Leihmüttern oder über das Internet? Meiner Meinung nach halten Sie nach einer Agentur Ausschau, die die Mehrheit ihrer Leihmütter über Empfehlungen bekommt. Ich persönlich denke, dass die Mundpropaganda-Methode der beste Weg ist, weil das bedeutet, dass jemand, der durch den Prozess mit der Agentur gegangen ist, gut fand, wie diese arbeitet und sie jemand anderem empfohlen hat. Ich glaube nicht, dass man eine Agentur möchte, die ihre Leihmütter über ein Online-Chat-Forum gefunden hat – Natürlich ist das nur meine Meinung! In der Realität sieht es so aus, dass wenn sie die medizinischen Untersuchungen exakt durchführen, es keine Rolle spielt, wie sie gefunden wurden, doch ich glaube, dass es sich lohnt das zu wissen.

Andere Sachen, die man die Agentur fragen sollte schließen mit ein, wie viele Leihmütterschafts-Geburten sie jedes Jahr hat und wie viele schwangere Leihmütter im Moment in ihren Büchern stehen. Zwar übersteigt das Angebot nach solchen die Nachfrage bei weitem, doch sind das Dinge, die man wissen sollte, um in diesem kurzen Augenblick ein Gesamtbild der Agentur zu erhalten und auch, wie lange es dauern kann eine Leihmutter zu finden.

Eine andere Frage wäre, ob die Leihmutterschafts-Agentur eigentlich Hausbesuche bei der Leihmutter macht, um nach den Lebensumständen und dem Umfeld zu sehen, in dem Ihr Kind ausgetragen wird. Dies sollte Teil des Hintergrund-Checks sein, den sie machen (der auch finanzielle und emotionale Untersuchungen, usw. beinhaltet).

Die letzte Frage sollte Ihnen Antwort darauf geben können, was passiert, wenn Sie mit einer Leihmutter übereinstimmen und eine Partei, aus welchem Grund auch immer, aus dem Vertrag austreten muss.

Typischerweise wird es nicht zurückerstattbare Gebühren Ihrerseits geben, doch was ist, wenn die Leihmutter vom Vertrag zurücktritt – wie schnell wird man eine andere Leihmutter finden, welche Zusatzkosten werden Sie zahlen müssen? Alles sehr wichtig im Voraus zu wissen.

Dann, im Bezug auf die Eizellenspende-Pools, werden die meisten Agenturen einen Eizellspender-Pool haben, den sie Ihnen empfehlen werden zu nutzen. Wenn die Agentur das tut, fragen Sie, ob die Eizellspenderinnen medizinisch untersucht werden bevor sie in diesen Pool aufgenommen werden. Der Grund hierfür ist, dass Sie mit einer Eizellspenderin enden könnten, die auf dem Papier geeignet erscheint, medizinisch aber nicht so gut abschneidet wie man denkt.

Zwei Alternativen, auf die ich mich später in diesem Buch beziehen werde, sind eine Eizellspenderin Ihrer IVF-Klinik zu wählen oder einen Eizellenspende-Vermittler zu suchen.

Sie sollten auch schauen, welchen internationalen Umgang die Agentur in der Vergangenheit gehabt hat. Diese Frage ist sehr wichtig, weil die Agentur Grundwissen darüber haben sollte, wie der Ablauf im Bezug auf Ihr Heimatland funktionieren würde – sie wird Sie nicht rechtlich beraten können, aber sie sollte aus den früheren Klienten gelernt haben und in der Lage sein, Sie an lokale Fachleute weiterzuleiten. Natürlich werden Teile in diesem Buch Klienten aus dem Vereinigten Königreich viel mehr helfen den Vorgang zu verstehen, doch da Sie viel Geld an Ihre Agentur zahlen werden, sollten Sie schauen wie diese die Auswirkungen der Leihmutterschaft in Ihrem Heimatland versteht.

Über den internationalen Umgang hinaus sollten Sie auch online suchen welchen Ruf die Agentur hat. Es gibt jetzt viele verschiedene Websites, die Sie durchgehen können, um Beispiele aus erster Hand zu finden, Informationen darüber zu ermitteln, was die Agenturen gemacht haben und wie sie in der Vergangenheit mit ihren Leihmüttern umgegangen sind. Dies sind unschätzbare Informationen für Sie, die Sie mitnehmen sollten.

Es passiert sehr schnell, sich vom Verkaufsgespräch blenden zu lassen, darum hören Sie auf andere, die den Leihmutterschafts-Ablauf schon durch haben. Die Realität ist, dass es nichts Besseres als Informationen aus erster Hand darüber gibt, warum jemand eine Agentur wählte und was dieser jemand über sie nach dem Ablauf denkt. Außerdem würde ich mich mit so vielen Leuten wie möglich unterhalten, entweder online oder persönlich, um wirklich herauszufinden, ob die Empfehlung mit der Realität übereinstimmt.

Seit wir unsere Reise beendet haben, sind wir auf eine gemeinnützige Website gestoßen, die eine Zusammenfassung der meisten

Leihmutterschafts-Agenturen und IVF-Kliniken hat. Ich wünschte, sie wäre da gewesen, als wir all unsere Nachforschungen machten http://www.menhavingbabies.org/surrogacy-directory/ Ich würde die Website sehr genau durchgehen und sie als Teil Ihrer Checkliste über die Empfehlungen benutzen!

Zuletzt müssen Sie die Agentur fragen wieviel Sie der gesamte Leihmutterschafts-Prozess ungefähr kosten wird. Natürlich sind für die meisten von uns die Kosten ein Hauptfaktor, wenn die Entscheidung gefällt wird, welche Agentur man wählt. Ich sage das, weil es eine massive Schicht der Undurchsichtbarkeit darüber gibt, was der Ablauf kosten wird und es ist eigentlich fast so, dass man sich für eine Agentur entscheidet, deren Mitarbeiter man mag und darauf vertraut was sie einem sagen. Die meisten Agenturen werden Ihnen eine grobe Kosten-Schätzung nennen, doch wir fanden, dass der Endbetrag weit über dem Betrag lag, den sie uns nannten!

Wie ich erwähnte, schwanken die Zahlen weitgehend. Uns wurde eine Gesamtsumme um die $120.000 genannt. Ich werde auf die Kosten detaillierter in Kapitel 27 eingehen, doch der Betrag, den Sie genannt bekommen, sollte folgende Informationen beinhalten:

- Wie viel die Leihmutter erhält
- Wie viel die Eizellspenderin erhält
- Wie hoch die gesetzlich vorgeschriebenen Gebühren für Leihmutter und Eizellspenderin sein werden
- Wie hoch die Fallbearbeitungs-Gebühren sein werden (für die Agentur, um Ihren Leihmutterschafts-Ablauf zu managen)
- Wie viel die IVF-Klinik berechnen wird (das wird eine grobe Schätzung sein und ist nicht Teil des Aufgabengebiets der Agentur, doch es ist gut das im geschätzten Gesamtbetrag mit einzukalkulieren)
- Wie viel die Krankenversicherung Sie kosten wird

Um ehrlich zu sein, war die Anzahl der zu fällenden Entscheidungen, um an diesen Punkt zu kommen, anstrengend – so viele verschiedene Dinge mussten beachtet, recherchiert und diskutiert werden, dass man eventuell nur zermürbt und man manchmal nur eine leichte Option wählt. Vielleicht nicht unbedingt der effektivste Weg lebensverändernde Entscheidungen zu treffen, aber in unserem Fall war es genau das, was passierte.

Auch ist es unglaublich, wie viele weitere Agenturen entstanden sind in der Zeit seit wir unseren Leihmutterschafts-Prozess gemacht haben und wie viele Informationen über die Agenturen selbst jetzt im Internet zu finden sind. Es gibt jedoch scheinbar nirgends einen Schritt-für-Schritt-Ratgeber darüber, wie die Leihmutterschaft funktioniert… Darum dieses Buch!

Fragen, die jetzt gestellt werden sollten

a) Möchten Sie eine Agentur benutzen oder nicht?
b) Welche Art von Agentur suchen Sie, zum Beispiel: Eine große oder eine kleine?
c) Wir die Agentur von einem Rechtsanwalt geführt und, wenn ja, wie ist sie aufgeteilt? Wie viel Geld wird zurückerstattet, wenn Sie sich für eine andere Agentur entscheiden?
d) Wie wird die Agentur mit Konfliktsituationen umgehen?
e) Wie viele Mitarbeiter hat die Agentur und wie hoch ist die Fluktuationsrate?
f) Werden Sie als internationaler oder nationaler Klient behandelt? Wie wirkt sich das auf den Zeitaufwand aus?
g) Wie viele Wunscheltern stehen auf der Warteliste der Agentur und wie lange ist die durchschnittliche Wartezeit?
h) Wie findet die Agentur die meisten ihrer Leihmütter? Welche Hintergrunduntersuchungen werden gemacht (Heimbesuche, finanzielle und emotionale Untersuchungen?)
i) Wie viele Leihmutterschaften begleitet die Agentur jährlich?
j) Was wäre, denn die Übereinstimmung platzt?

k) Woher möchten Sie Ihre Eizellen bekommen – vom Eizellenspende-Pool der Leihmutterschafts-Agentur oder von der IVF-Klinik oder auf anderem Weg?
l) Hat die Agentur, die Sie sich anschauen vielen internationalen Klienten schon geholfen oder ist sie eher auf Kunden aus den USA fokussiert?
m) Finden Sie heraus, wie hoch die groben Kosten schätzungsweise für Sie liegen und wo und warum diese Kosten steigen könnten.
n) Wie ist der Ruf der Agentur bei Wunscheltern und Leihmüttern?

5 LEIHMUTTERSCHAFTS-AGENTUR FINDEN

An diesem Punkt tu ich einfach mal so als wäre das so einfach zu entscheiden. In Wahrheit ist es nicht ganz so. Wir recherchierten im Internet, füllten manchen Fragebogen für weitere Informationen aus und dann plötzlich bekamen wir eine konstante Flut aus Telefonanrufen, E-Mails und Skype-Nachrichten, in denen gefragt wird, ob man sich schon entschieden hat.

Wenn ich daran zurückdenke, stelle ich fest, dass wir uns schon selbst dazu entschieden hatten die Agentur zu wählen, die am nächsten bei Stevens Eltern war, doch die Wahrheit ist, dass das für jede Agentur ein sehr profitables Geschäft ist; Also wird die Agentur sehr beharrlich hinter jedem Klienten her sein, der nach Informationen fragt. Denken Sie stets daran.

Wenn man sich erst einmal für eine Agentur entschieden hat, bei der man ein gutes Gefühl hat, beginnt die Vertragsverhandlung mit der ihr. Dieser schildert genau, was die Agentur macht und was nicht. Bei uns dauerte dieser Vorgang ungefähr sechs Monate, da wir nicht zufrieden mit manchen Bestimmungen waren und wir wollten, dass diese entfernt werden.

Zum Beispiel entschieden wir, dass wir nicht wollten, dass Fotos unserer Kinder auf irgendeiner Art von Werbematerial der Leihmutterschaftsagentur zu sehen waren. Wir mussten mit der Agentur auch über konkrete Vertragsgegenstände verhandeln, zum Beispiel über die Höhe der entstehenden Kosten , wenn wir nochmals durch den Leihmutterschafts-Prozess mit der gleichen Leihmutter gehen würden - wofür die Agentur Gebühren erhalten würde, unabhängig davon, ob wir sie dafür in Anspruch nehmen würden oder nicht!

Bis zu diesem Punkt werden Sie für all Ihre Geschäfte mit der Leihmutterschaftsagentur ein gewisses Maß an Informationen darüber erhalten haben wie diese arbeitet. Natürlich möchte die Agentur nicht, dass Sie die Informationen bekommen und dann ohne die Agentur durch den Leihmutterschafts-Prozess gehen, deshalb hält sie es sehr einfach und knapp. Doch haben Sie erst einmal das Geld auf das Treuhandkonto überwiesen, weiß die Agentur, dass Sie seriös sind und der Vorgang kommt richtig ins Rollen.

Sie werden gebeten ein Dokument zu verfassen, das Einzelheiten über Sie, Ihre Kindheit, Ihre Ausbildung, Ihr Leben und auch warum Sie Kinder haben wollen, beinhaltet. Auch werden Sie gebeten, einen Brief an die Leihmutter zu schreiben, den diese lesen wird, wenn die Agentur ihr Ihr Profil zeigt. Wir waren in dem Brief sehr ehrlich darüber wie wir uns unsere Leihmutter vorstellten, warum wir fühlten, dass es genau der richtige Zeitpunkt in unserem Leben war Kinder zu bekommen, vor allem, wie sehr wir unserer Leihmutter dafür dankbar wären auch nur mit dem Gedanken zu spielen, uns unsere Kinder zur Welt zu bringen. Auch werden Sie gebeten ein paar Fotos von sich und Ihrer Familie zu schicken, damit die Leihmutter Ihren Namen mit einem Gesicht in Verbindung bringen kann.

Sie werden auch mehrere E-Mails empfangen, die viele Informationen darüber enthalten wie die Agentur näher den Ablauf durchführt und auch Leihmutterschaftsprofile, Eizellspende-Banken und jegliche Informationen, die sie Ihnen geben kann in Bezug auf Krankenversicherung. Doch das Wichtigste ist, dass diese Zahlung Sie auch auf die Warteliste der Agentur bringt.

Die Agentur wird sich bemühen, Ihre Erwartungshaltung zu steuern, indem sie sagt, dass die Wartezeit - allein für das Finden einer Leihmutter - normalerweise zwischen 3 und 12 Monaten beträgt! Unsere Agentur hat zahlreiche Kundenlisten, also kann man nie wissen, ob man der Erste an der Reihe ist oder man vielleicht an zehnter Stelle steht, doch das ist auf eine Art auch verständlich – warum werde ich nachher erläutern.

Fragen, die jetzt gestellt werden sollten

a) Prüfen Sie, welche Gebühren zurückerstattet werden und welche nicht, falls Sie die Agentur nicht in einem bestimmten Teil des Leihmutterschafts-Ablaufs haben wollen, zum Beispiel bei der Suche nach Ihrer Eizellspenderin.
b) Haben Sie sich schon Gedanken darüber gemacht, was Sie in Ihr Profil schreiben werden, welches der Leihmutter gezeigt wird?
c) Welche Struktur hat das Treuhandkonto (siehe Kapitel 8)?

6 DIE LEIHMUTTER

Wir unterschrieben den Vertrag bei der Agentur Mitte Juni und vier Wochen später kontaktierte diese uns mit der Frage, ob wir mit einem Skype -Gespräch mit einer potentiellen Leihmutter einverstanden wären… Heiliger Strohsack! Wie schnell das ging, nachdem man uns sagte, wie lang das dauern würde! Natürlich macht das deutlich, dass der Leihmutterschafts-Ablauf beginnt, was unglaublich beängstigend und doch aufregend zugleich ist!

Wir sagten, dass wir das liebend gern täten, also schickte die Agentur ihr unser Profil und uns drei unterschiedliche Schriftstücke über Angela, unserer potentiellen Leihmutter.

Das erste war die **psychosoziale Evaluation** von Angela. Diese Evaluation (die Sie bezahlen) beinhaltete Informationen über ihre Familienverhältnisse, ihren Beziehungsverlauf, ihren Schwangerschaftsverlauf, ihrer derzeitigen Familiensituation und ihre Zusage zum Leihmutterschafts-Prozess und ebenso ihre Erwartungen an die Wunscheltern und letztendlich die Meinung des Sozialarbeiters, ob sie eine gute Leihmutter wäre.

Als Zweites schickte uns die Agentur auch den **Fragebogen**, den Angela ausgefüllt hatte, um detailliertere Informationen über sie zu erhalten. Es gibt ungefähr 200 Fragen, die vom Geburtstag bis Menstruationszyklus zu Trinkgewohnheiten reichen und dann die Komplizierten darüber, warum sie eine Leihmutter sein wollte, was sie von dem Leihmutterschafts-Prozess erwartet, wie viele Embryonen sie gerne austragen würde, was bei einem notwendigen Schwangerschaftsabbruch zu tun wäre… Im Grunde ein sehr umfassendes Schriftstück direkt von ihr über sich selbst.

Und zum Schluss bekamen wir den **Gestations-Leihmutter-**

Referenz-Abgleich, was ein Schriftstück über Angela ist (geschrieben von einem Freund, der als unterstützenden Person agiert).

Da waren wir also im Juli 2011 und versuchten die Zeitdifferenz zwischen London und Arizona (einem Bundesstaat, der niemals die Uhren umstellt) herauszufinden und hatten unser erstes Skype-Gespräch mit Angela. Ab diesem Moment an wussten wir, dass sie eine unglaubliche und besondere Frau war und dass sie unsere Leihmutter sein würde. Zum Glück hatte Angela das gleiche Gefühl. Nach dem Skype-Anruf nahmen wir Kontakt mit der Agentur auf und teilten dieser mit, dass wir Angela als unsere Leihmutter oder, wie ich schon sagte, unsere Bauchmama (ob liebenswert oder nervtötend, das überlasse ich Ihnen).haben wollten.

Da Angela das erste Mal Leihmutter wurde, hatten wir nicht die Möglichkeit sie über ihre früheren Erfahrungen als Leihmutter zu befragen. Ich glaube, dass das ein wichtiger Teil der Rahmenbedingung sein sollte, eine erfahrene Leihmutter zu fragen, sodass man von Beginn an weiß, wie die Beziehung funktionieren kann. Wenn ihr irgendetwas beim letzten Mal nicht gefallen hat, dann macht man es dieses Mal anders – wenn sie etwas gut fand, macht man es genau so!

In dieser Phase fragten wir uns ernsthaft, ob wir noch mehr potentielle Leihmütter sprechen sollten und welche weiteren Fragen wir Angela stellen sollten, da wir schließlich gerade eine ziemlich große Lebensentscheidung basierend auf einem 30-minütigem Skype-Gespräch fällten. Die Antwort darauf war, dass wir mit keiner anderen Leihmutter sprachen, weil wir auf unser Bauchgefühl hörten, dass sie die Leihmutterschaft aus den richtigen Gründen machen wollte. Es mag merkwürdig erscheinen, aber wir fühlten uns mit ihr seit diesem Anfangs-Gespräch verbunden.

Eine Sache, an die wir zu diesem Zeitpunkt nicht gedacht hatten, auf die uns aber die Agentur hinwies war, dass unter dem Gesetz des Vereinigten Königreichs jene Frau als rechtliche Mutter gilt, die das Kind zur Welt bringt (in unserem Fall die Leihmutter) und alle Rechte hat. Das ist kein so großes Problem, kann die Gültigkeit doch erlöschen, indem man einen Rechtsprozess durchläuft, wenn man wieder zurückkommt, doch zu einem Problem wird es, wenn die Leihmutter verheiratet ist. Ich sage das, weil wenn sie verheiratet ist, ihr Ehemann als Vater angesehen wird und nicht der Wunschvater, der tatsächlich der Samenspender ist.

Das kann die Angelegenheit erheblich komplizierter machen, besonders beim Thema Einwanderung! Deshalb ist das noch ein Hauptpunkt, der beachtet werden muss. Ein Weg für eine verheiratete Leihmutter nicht ihren Ehemann auf der Geburtsurkunde stehen zu haben ist, wenn er sagt, er hätte von der Leihmutterschaft nichts gewusst, was meiner Meinung nach ein sehr komplizierter Weg ist die Leihmutterschaft durchzuführen.

Ich möchte das kurz ansprechen, weil man wirklich an diese Dinge denken und Fragen an die Leihmutterschafts-Agentur darüber stellen sollte, wie sie den Ablauf ihrerseits abwickelt. Später werde ich beschreiben wie man die Geburtsurkunden bekommt, Sie über den Vorgang der Gerichts-Prozesse führen und alles, was wir unternahmen und die Gründe hinter jeder Entscheidung erläutern.

Es könnte also - wie es bei uns der Fall war - sein, dass man bei der Agentur den Vertrag unterschreibt und eine Leihmutter auftaucht, die alleinstehend, verwitwet oder geschieden ist und die Agentur sich denkt, da dies nicht sehr oft vorkommt, diese Frau für die nächsten, auf der Warteliste stehenden Wunscheltern aus dem Vereinigten Königreich vorzusehen. Auf diese Weise kann man andere überspringen, die schon eine Weile auf der Warteliste stehen.

An diesem Punkt sollten Sie über die Agentur oder den Fragenkatalog herausfinden, ob Ihre potentielle Leihmutter ein eigenes Kind hat. Die meisten IVF-Kliniken werden keine

Leihmutter annehmen, die davor noch nicht schwanger war. Außerdem muss ihre letzte Schwangerschaft ohne Komplikationen verlaufen sein, da das etwas ist, das die IVF-Klinik wissen will. Warum möchte sie das wissen? Wenn eine Leihmutter in der Vergangenheit frühzeitige Wehen hatte oder wochenlange Bettruhe am Ende halten musste, dann ist das eine Sache, die Sie als die Wunscheltern wissen sollten, da das Ihre Entscheidung beeinträchtigen wird, ob Sie sich für diese Leihmutter entscheiden oder nicht.

In unserem Fall hatte Angela zwei Jungen im Altern von 14 und 8 Jahren. Sie kommt ursprünglich von den Philippinen und ist kurz vor ihrem 18. Geburtstag in die USA gezogen. Seit diesem Tag hat sie extrem hart gearbeitet, um sich ein Leben aufzubauen. Uns gefiel die Tatsache, dass sie drei Jobs hatte, um ihr Studium an der Universität zu finanzieren und es sogar zum Master gebracht hat wahrend sie arbeitete und schwanger war. Sie erzählte uns eine Geschichte darüber, wie ihre letzte Prüfung am Tag des Geburtstermins ihres ältesten Sohnes war und sie ihm sagte, er solle nicht eher zur Welt kommen bis sie ihre Prüfung beendet hatte. Uns siehe da: Kurz nachdem sie ihren Stift abgelegt hatte, setzten die Wehen ein! Eben das begeisterte uns. Entweder war es ihr ungeborenes Kind oder ihr Körper, der gehorchte – wer weiß, doch was für ein unglaubliches Timing!

Zum Zeitpunkt des Leihmutterschafts-Prozesses war sie 34 und alleinstehend und, obwohl wir sie eigentlich niemals wirklich nach dem Grund fragten, warum sie Leihmutter werden wollte, wussten wir, dass sie es tat, um ihren Kindern eine gute schulische Ausbildung bieten zu können. Das beschreibt Angela als die selbstlose Person, die sie ist. Bis zu diesem Tag halten wir Kontakt zu ihr, schicken uns gegenseitig regelmäßig Bilder und E-Mails wie es den Kindern geht. Und das bringt mich zu einem weiteren Punkt: Sie sollten sich Gedanken darüber machen welche Beziehung Sie mit Ihrer Leihmutter eingehen wollen. Möchten Sie sie für immer in Ihrem

Leben haben oder nur während der Schwangerschaft?

Eines der wichtigsten Dinge, über die man hierbei nachdenken sollte ist, ob die Leihmutter ihre eigene Krankenversicherung hat oder nicht. Im nächsten Kapitel werde ich näher auf das Thema eingehen, da es solch ein großes und wichtiges Thema ist, dem man eigens ein volles Kapitel widmen muss.

Jetzt da wir den Leihmutterschafts-Prozess durchlaufen haben, merken wir, dass es wirklich gut ist zu schauen welche Bundesstaaten in den USA Leihmutterschaft erlauben und welche nicht. Ihre Agentur sollte das für Sie machen und sie sollte auch wissen, wo es erlaubt ist, usw. aber man ist immer auf der sichereren Seite, wenn man das selbst auch prüft. Das ist etwas, an das wir zu dem Zeitpunkt noch nicht gedacht haben, aber das ist an diesem Punkt der Reise sinnvoll zu wissen. Sie wollen sicher nicht, dass das Baby auf die Welt kommt und Sie dann herausfinden, dass Sie in dem Bundesstaat, in dem es geboren wurde, kein Recht haben das Kind überhaupt mit nach Hause zu nehmen.

Es gibt einen tollen Link, den eine Leihmutterschafts-Agentur namens Creative Family Connections regelmäßig aktualisiert. Da das amerikanische Gesetz sich ständig ändert, zeigt ihre Website verschiedene Bundesstaaten, in denen Leihmutterschaft legal ist und wo bestimmte Herausforderungen lauern könnten. Hier der Link http://creativefamilyconnections.com/state-map-surrogacy-law-practices Er wird Ihnen helfen auf die verschiedenen Bundesstaaten zu schauen, die Ihnen die Agentur vorschlägt und in denen Ihre potentielle Leihmütter wohnen. Das sollte Ihnen helfen, Ihre Gedankenbildung zu schmälern. Auf dieser Website können Sie sehen, dass Arizona, wo Angela lebt, offen gegenüber Leihmutterschaft ist, obwohl es bestimmte Hürden gibt, die man durchlaufen muss, umso mehr bei einem Bundesstaat wie beispielsweise Kalifornien.

Eine letzte Sache, die man in Bezug auf Leihmutter und

Eizellspenderin bedenken sollte ist, dass wenn sie von amerikanischen Ureinwohnern abstammen, es rechtliche Konsequenzen um das Kind geben kann. Das ist so, weil unter dem amerikanischen Gesetz die Volksstämme, von denen entweder die Leihmutter oder die Eizellspenderin abstammen, das Recht haben, das Kind zu behalten, wenn es geboren ist – darum müssen Sie leider Leihmütter aus diesen Gesellschaften aus Ihrer Wahl ausschließen.

Da wir uns nun für Angela entschieden hatten, wurde die zweite Zahlung an die Agentur fällig noch bevor der Rechtsvertrag mit ihr verhandelt wurde. Der Betrag, den wir bis dahin zahlen mussten, waren die übrigen 2/3 der geschätzten Gesamtsumme, die uns genannt wurde. Der Betrag, der auf das Treuhandkonto überwiesen wurde, beinhaltete:

- Die zweite Rate der Agenturgebühren
- Die Rechtsverfahrenskosten-Gebühren (wird nach der Geburt gebraucht)
- Zahlungen an die Leihmutter (Embryonentransfer, Kleidergeld, monatliche Gebühr)
- Leihmutterschafts-Gebühr
- Zahlungen an die Versicherung
- Zahlungen an die Eizellspenderin
- Zusatzkosten für Ausgaben

In dieser Phase startet auch, wie bereits erwähnt, der rechtliche Prozess mit der Leihmutter. Die Agentur agiert als Ihr Rechtsanwalt und wird Ihre Interessen „verteidigen", doch sie kann auch für die Leihmutter handeln. Stellt das also einen potentiellen Interessenkonflikt dar? Sehr wahrscheinlich… Es ist also immer gut zu wissen, wen man bezahlt (da Sie für alle Verhandlungen, etc. zahlen) und zu schauen, wo es entweder einen Interessenkonflikt gibt oder ob die Agentur Gebühren von dem außenstehenden Anwalt erhält. In unserem Fall übergab sie die Arbeit einem Fachanwalt, der für unsere Leihmutter auftrat (jedenfalls wurde uns das so gesagt) und dann verhandelten sie die Bedingungen ihres Vertrages mit diesem Rechtsanwalt. Ein paar Dinge, die wir aushandelten, waren:

- Die Tatsache, dass unsere Leihmutter uns unterstützte, dass wir nach der Geburt namentlich auf der Geburtsurkunde genannt wurden
- Das Einverständnis der Leihmutter medizinisch untersucht zu werden
- Das Einverständnis der Leihmutter für die Zeit um die IVF-Behandlung sexuell enthaltsam zu sein
- Wie viele IVF-Zyklen wir im Falle eines misslungenen Versuchs durchlaufen würden
- Wie viele Embryonen in jedem Zyklus transplantiert werden sollten
- Was passieren würde, wenn es zu einer Fehlgeburt käme

Das sind nur ein paar Dinge, die genannt werden. JEDOCH, meiner Meinung nach, ist das Wichtigste dieser Punkte der, was zu tun wäre, wenn Sie sich für einen Schwangerschaftsabbruch entscheiden würden.

Selektive Reduktion (eine nette Art die Abtreibung eines Embryos zu beschreiben oder der Begriff, der genutzt wird, wenn man entscheidet, einen Embryo nicht länger austragen zu lassen) ist derzeit ein Hauptthema in den USA. Es gibt ein Paar, das nicht dieses Gespräch mit seiner Leihmutter führte und letztendlich entschied, aufgrund von genetischen Missbildungen eine Abtreibung durchführen zu lassen. Die Leihmutter entschied sich für das Kind und, wie man sich vorstellen kann, verursachte dies größere Probleme als das Sorgerecht, Leihmutterschafts-Zahlungen, medizinische Kosten, usw.

Ein anderer Punkt, der im Vertrag genannt wird, ist eine Liste aller verbundenen Kosten, wenn die Leihmutter sich spezifischen

Behandlungen unterziehen muss (Fruchtwasserpunktion, usw.).

Unserer Erfahrung nach, haben wir definitiv gemerkt, dass die Anwaltskanzlei bei uns und auch jene, die wir für Angela genommen hatten, einen wirklich enorm hohen Geldbetrag für einen Standardvertrag berechnete, den sie wahrscheinlich für alle Wunscheltern aufsetzt. Wir merkten auch, dass der Anwalt der Leihmutter immer bestimmte Klauseln abändert, bei denen Ihre Agentur Ihnen raten wird, diesen einfach zuzustimmen. Wieder einmal ist es vielleicht nur die Standardprozedur für die Agentur so zu handeln, aber unglücklicherweise kann es nicht einfach so gemacht werden, da Sie einen wasserdichten Rechtsvertrag brauchen, insbesondere in den USA. Zum Beispiel verhandelten wir mit Angelas Rechtsanwalt wie viele Tage sie sich frei nehmen könnte, sollte sie sich einem Kaiserschnitt unterziehen und wie viel Geld sie pro Tag bekäme.

Bevor Sie den eigentlichen Vertrag mit der Leihmutter unterschreiben, sollten Sie dafür sorgen, dass Ihre Leihmutter entweder von einer IVF-Klinik oder einem Frauenarzt medizinisch untersucht wird. Das stellt sicher, dass sie medizinisch gesehen immer noch ein Kind austragen kann, da das Letzte ist, was man wirklich will den Vertrag auszuhandeln und sich emotional auf die Leihmutter einzulassen, nur um dann festzustellen, dass aus diesem oder jenem Grund sie kein Kind austragen kann.

In unserem Fall wurde Angela nicht von einer IVF-Klinik medizinisch untersucht, also entschieden wir, sie von Arizona nach Connecticut fliegen zu lassen und sie dann auch zu treffen. So konnten wir sie treffen und sie auch alle medizinischen Untersuchungen durchlaufen lassen.

Zu erwähnen ist, dass die medizinischen Untersuchungen selbst zu einem bestimmten Zeitpunkt des Monats mit der Leihmutter gemacht werden müssen. Dieser Zeitpunkt ist circa um den zweiten oder dritten Tag ihres Menstruationszyklus herum und besteht aus einem Bluttest und einer allgemeinen Gesundheitsuntersuchung. Zum Glück hat Angela alle Hürden überwunden und, obwohl sie an einem minimalen Bluthochdruck litt, befand sie die IVF-Klinik als eine perfekte Kandidatin. Ihr wurde eine Tablette mit einer sehr niedrigen Medikamentendosierung gegeben um ihren Blutdruck zu unterstützen und uns wurde versichert, dass das keinerlei negative Auswirkungen auf ihre Fähigkeit Babys auszutragen hat und dass das Wohlbefinden der Babys dadurch nicht gefährdet ist.

Fragen, die jetzt gestellt werden sollten

a) Ist Ihre Leihmutter verheiratet oder alleinstehend?
b) Ist Leihmutterschaft in dem Bundesstaat, in dem Ihre Leihmutter lebt, erlaubt?
c) Stammt Ihre Leihmutter von amerikanischen Ureinwohnern ab?
d) Hat sie bereits ihre eigenen Kinder ausgetragen und verlief die letzte Schwangerschaft ohne Komplikationen?
e) Welche Art Beziehung möchten Sie mit Ihrer Leihmutter?
f) Wenn Ihre Leihmutter davor schon einmal Leihmutter war, was gefiel ihr beim letzten Mal und welche Beziehung möchte sie mit Ihnen?
g) Ist es in dem Bundesstaat erlaubt, dass Personen, die außerhalb der USA leben, vor der Geburt Anträge stellen oder ist es ein Bundesstaat, in dem das erst nach der Geburt erlaubt ist?
h) Haben Sie sich Gedanken über Selektive Reduktion als Paar und zusammen mit Ihrer Leihmutter gemacht?
i) Erklärt sich die Leihmutter damit einverstanden, medizinisch untersucht zu werden bevor der Vertrag unterschrieben wird? Das wird Ihnen zeigen, ob sie medizinisch gesehen ein Kind austragen kann.

7 AMERIKANISCHE KRANKENVERSICHERUNG

Einer der wichtigsten Teile auf dem Leihmutterschaftsweg in den USA ist die Krankenversicherung. Wie ich bereits erwähnte, ist es sehr wichtig, die aktuelle Krankenversicherungs-Situation, in der man sich befindet, nachvollziehen zu können, da das der Unterschied bedeuten könnte, ob Sie nun $10.000 oder $100.000 mehr als Sie wollten ausgeben müssen.

In den USA kostet alles, was mit Gesundheitsvorsorge zu tun hat ein Vermögen und als solches ist Versicherungsschutz ein Muss. Jedoch ist das nicht so einfach. Für die meisten nicht-amerikanischen Wunscheltern ist das Versicherungssystem in den USA ein völliges Mysterium. Wichtig ist, dass Sie verstehen, dass Versicherungen in den USA hauptsächlich Privatversicherungen sind, die durch Verträge geregelt werden, welche von Versicherungsgesellschaften aufgesetzt werden. Diese Verträge bleiben in amerikanischen Gerichten im Falle einer Gerichtsverhandlung zwischen einer Versicherungsgesellschaft und einem Kläger aufrecht erhalten, vorausgesetzt sie sind klar und unmissverständlich verfasst.

Daraus folgt, dass wenn eine Versicherungsgesellschaft beschließt für etwas den Versicherungsschutz auszuschließen, dann darf sie das, solange es klar geregelt ist. In anderen Fällen, in denen Versicherungen versäumten Leihmutterschaft klar auszuschließen, haben sie trotzdem versucht den Versicherungsschutz auszuschließen, indem sie andere Ausschlüsse verwendeten, um behaupten zu können, dass sie tatsächlich nicht gebunden sind, die Mutterschaftsaufwendungen einer Leihmutter zu decken. Darum gibt es eine Debatte um die Notwendigkeit von Versicherungen für Leihmütter, die ausdrücklich vorhandene Leihmutterschaft abdecken.

In Bezug auf die amerikanische Krankenversicherung gibt es Begriffe wie „in-network“ (innerhalb des Netzwerkes) und „out-of-network“ (außerhalb des Netzwerkes), die ein wenig erklärt werden müssen. Im Prinzip bedeutet „in-network“, dass der Versicherungsträger in den USA einfach eine Reihe von Verträgen mit unterschiedlichen Ärzten, Fachleuten und Krankenhäusern geschlossen hat, von denen jeder sich bereit erklärt hat, eine bestimmte Dienstleistungsquote zu leisten. Diese Quote beinhaltet einen Teil, den Sie zahlen werden (auch Eigenbeteiligung genannt) und einen Teil, den die Versicherungsgesellschaft übernehmen wird.

Wenn Sie also nach irgendwelchen Ärzten suchen, sollten Sie sichergehen, dass diese innerhalb dieses Anbieter-Netzwerkes sind, die sich einig über die Quote mit Ihrer Versicherung sind – oder „Anbieter innerhalb des Netzwerkes“ sind. Wenn nicht, werden Sie einen Arzt haben, der sich außerhalb des Netzwerkes“ befindet und Sie natürlich mehr kosten wird, da es keine vorab festgelegten Dienstleistungs-Quoten gibt und ebenso höhere Zuzahlungen, usw. Tatsächlich war unsere Geburtshelferin Patricia „out-of-network“ in Bezug auf die Babys, aber „in-network“ für die Schwangerschaftsfürsorge und, obwohl wir uns bewusst darüber waren, dass es mehr kosten würde, wollten wir sie trotzdem, weil wir ein gutes Gefühl dabei hatten, dass sie all die medizinische Versorgung für die Babys übernehmen würde.

Es sollte angemerkt werden, dass im Falle eines Notfalls die meisten Versicherungen einen Teil der Notfallversorgung abdecken, egal wo man behandelt wird, sogar wenn es sich um einen Anbieter außerhalb des Netzwerkes handeln sollte. Sobald der Zustand in Bezug auf die Leihmutter oder der Babys stabil ist, werden sie normalerweise zu einem Anbieter innerhalb des Netzwerkes geschickt, der ihre Versorgung weiterführt.

Da Sie nun die Grundlagen der amerikanischen Krankenversicherung kennen, ist es wichtig die einzelnen Komponenten der unterschiedlichen Versicherungsarten aufzuschlüsseln, die Sie kaufen werden müssen.

Versicherungsschutz bei Komplikationen

Beim Entnehmen der Eizellen von der Eizellspenderin und Implantieren der Embryos in die Gebärmutter der Leihmutter, gibt es zwei Krankenversicherungsarten, die man braucht um alles abzudecken, das in dieser Phase der Reise schief gehen könnte.

Die erste Versicherung, die man abschließt, ist für die Eizellspenderin und die zweite für die Leihmutter und wird Komplikationsversicherung genannt. Zusammen gefasst ist das eine Versicherungspolice, die beide Frauen im Falle von Komplikationen versichert. Tatsächlich sind alle beide Versicherungspolicen relativ preiswert für circa $150 pro Frau und unsere Policen deckten beide, Leihmutter und Eizellspenderin bis $250.000 ab.

Krankenversicherung für die Leihmutter

Es ist wichtig, dass die Leihmutter eine Krankenversicherung hat, um ihr Versicherungsschutz vom Zeitpunkt der Implantation über die Schwangerschaft bis zur Geburt des Babys/der Babys zu gewährleisten.

Unter den neuen Gesundheitsreformen, die 2014 kommen werden, werden meiner Kenntnis nach alle Policen die Mutterschaftskosten decken. Der Grund ist, dass Mutterschaft als ein Frauenrecht klassifiziert wird oder „Basisversicherung", was bedeutet, dass Mutterschaft nicht von Versicherungsgesellschaften ausgeschlossen werden kann.

Deshalb - in der Annahme, dass die Versicherungspolice Ihrer Leihmutter Leihmutterschaft nicht spezifisch ausschließt – sollten theoretisch alle Mutterschaftskosten der Leihmutter gedeckt sein. Das wird auch heißen, dass der Beitrag der Versicherungspolice vom Alter und der Postleitzahl der Bewerber abhängt.

Für mich bleibt das eine Grauzone. Wie wird die Versicherungsgesellschaft erfahren, dass die Geburt eine Leihmutterschaftsgeburt ist, denn sie ist ja nicht berechtigt, alle werdenden Mütter zu fragen, ob sie ein Leihmutterschafts-Baby austragen? Der einzige Weg, bei dem ich mir vorstellen könnte, dass sie es herauszufinden könnten, wäre nach der Geburt die Diagramme zu überprüfen, um die Bemerkungen einzusehen, die zur Geburt gemacht wurden. Wieder ist das nur möglich, wenn der Arzt charttechnisch spezifisch erwähnt, dass es eine Leihmutterschaft war.

Als wir den Leihmutterschaftsweg gingen, wollten wir eine Leihmutter finden, die aus zwei Gründen eine eigene Krankenversicherung hatte: Der erste Grund war, dass unsere Leihmutter konstanten Versicherungsschutz haben würde. Das bedeutet, dass ihre Versicherungspolice schon existiert und es deshalb keine Wartezeit für den Beginn der Mutterschaftsversicherung gibt. Zweitens bedeutete das für uns, dass wir uns um eine Sache weniger Gedanken machen mussten – aus bürokratischer und praktischer Sicht.

Wir erkannten jedoch, dass, sollte die Leihmutter, der wir vorgestellt wurden, keine Krankenversicherung haben, wir für eine Versicherung zahlen müssen, um ihre Mutterschaftskosten zu decken. Das wird der Fall ab 2014 sein, wenn die Versicherung der Leihmutter Leihmutterschaft spezifisch ausschließt.

Wenn Ihre Leihmutter Versicherungsschutz hat, werden die meisten Agenturen eine Gebühr berechnen für die Prüfung der Versicherungsbedingungen, um sicherzugehen, dass sie geeignet ist für den Leihmutterschaftsprozess. Doch auch wenn sich die Agentur die Versicherungspolice durchließt und Ihnen sagt, dass es keine Ausschlüsse gibt, können Sie trotzdem zur Kasse gebeten werden, wenn die Versicherung versucht irgendwelche Gebühren zurückzufordern.

Sollten Sie also eine Rechnung für eine Gebühr erhalten, denken Sie daran und wenn möglich, handeln Sie diese Gebühr herunter oder verhandeln Sie, dass diese Gebühr die Ausgaben deckt, die entstehen, wenn die Agentur in Ihrem Interesse gegen die Versicherungsgesellschaft geht (sie sind immer noch Rechtsanwälte!), besonders wenn diese abstreitet, dass Zahlungen erfolgt sind.

Infolgedessen ist es meiner Meinung nach wichtig, dass man versteht, was die Versicherungspolice beinhaltet, um eine aufgeklärte Entscheidung fällen zu können! Abgesehen davon, dass ich weder Versicherungsvertreter, noch Versicherungsjurist bin, steht mein Versicherungs-Verständnis in Bezug auf die Leihmutter im Entscheidungsbaum weiter unten. Er ist sehr einfach gehalten, doch sollte er helfen, die Logik hinter dem ganzen Prozess zu verstehen und Ihnen erlauben, mit einem Versicherungsvertreter oder Ihrer Leihmutterschaftsagentur darüber zu sprechen.

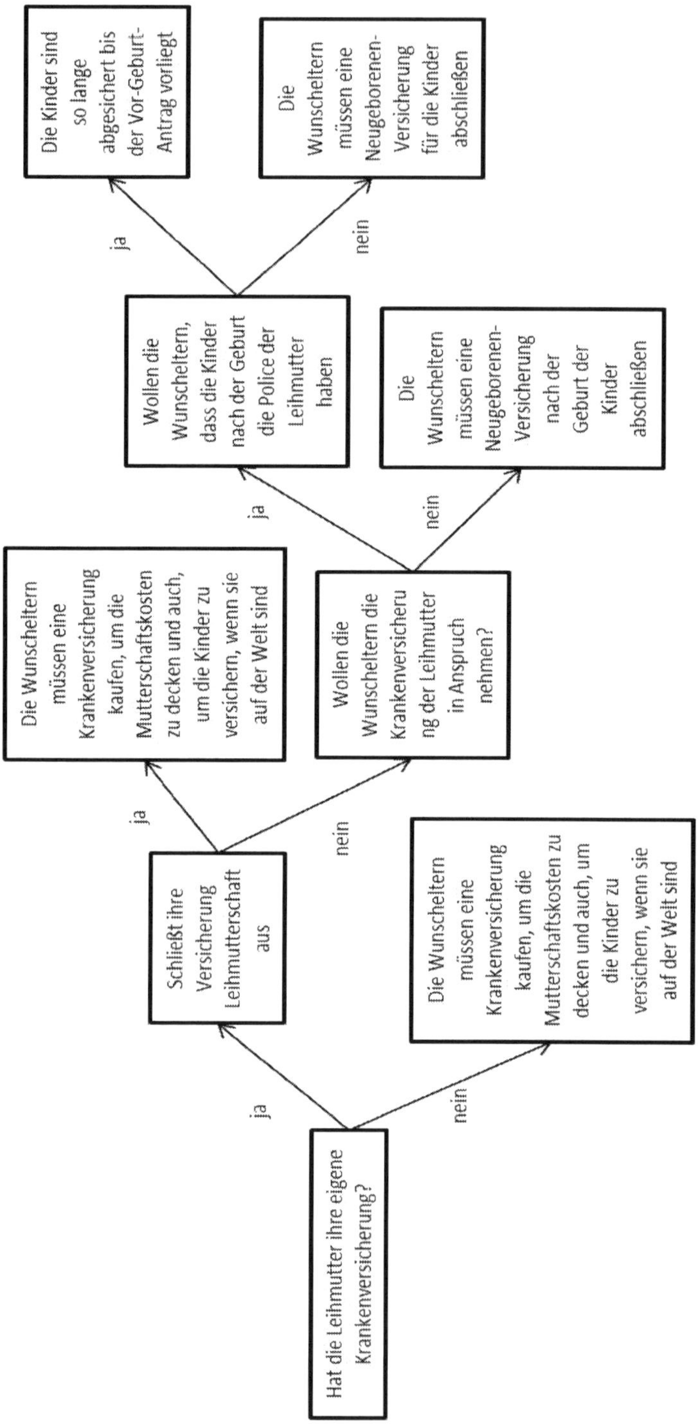
Hat die Leihmutter ihre eigene Krankenversicherung?
ja
nein
Schließt ihre Versicherung Leihmutterschaft aus
Die Wunscheltern müssen eine Krankenversicherung kaufen, um die Mutterschaftskosten zu decken und auch, um die Kinder zu versichern, wenn sie auf der Welt sind
ja
nein
Die Wunscheltern müssen eine Krankenversicherung kaufen, um die Mutterschaftskosten zu decken und auch, um die Kinder zu versichern, wenn sie auf der Welt sind
Wollen die Wunscheltern die Krankenversicheru ng der Leihmutter in Anspruch nehmen?
ja
nein
Wollen die Wunscheltern, dass die Kinder nach der Geburt die Police der Leihmutter haben
Die Wunscheltern müssen eine Neugeboren-Versicherung nach der Geburt der Kinder abschließen
ja
nein
Die Kinder sind so lange abgesichert bis der Vor-Geburt-Antrag vorliegt
Die Wunscheltern müssen eine Neugeboren-Versicherung für die Kinder abschließen

Wenn Sie eine Versicherungspolice für Ihre Leihmutter kaufen müssen, dann empfiehlt die Gesellschaft der Versicherungsvertreter den Wunscheltern historisch, sich die Lloyds-of-London-Police anzuschauen, welche maßgeschneidert für Leihmutterschaft ist.

Die Lloyds-of-London-Police könnte als Hauptversicherungs-Police genutzt werden (zur Deckung aller Mutterschafts- und Geburtskosten) oder, wenn man woanders eine Versicherung finden kann, könnte sie als unterstützende Police benutzt werden.

Als eine unterstützende Police setzt sie nur dann in Kraft, wenn Forderungen von der Hauptversicherung der Leihmutter abgelehnt werden und man ohne Deckung dastünde. Das ist eine teure Alternative, da der Beitrag im Voraus bezahlt wird, kostet eine Menge Geld und ist nur zu 80% zurückerstattbar, sollte keine Forderung gestellt werden.

Nach meinem Verständnis gibt es viele Änderungen unter den neuen Gesundheitsreformen Policen und andere möglichen Optionen betreffend. In erster Linie ist das auf die Tatsache zurückzuführen, dass Mutterschaft nun ein Basis-Versicherungs-Recht ist, obwohl es scheint, als gäbe es darum viel Verwirrung, wenn eine Frau sich für eine Versicherung anmeldet, genauso darum wie sie es machen kann.

Darum empfehle ich Ihnen, dass Sie diesen ganzen Punkt ausführlich mit Ihrer Agentur besprechen und/oder mit einem Versicherungsvertreter, damit Sie alle möglichen Optionen von Beginn Ihrer Leihmutterschafts-Reise an haben.

Lebensversicherung für die Leihmutter

Zur gleichen Zeit, in der man die oben genannte Krankenversicherung für die Leihmutter kauft, wurden wir von unserer Agentur gebeten, eine Lebensversicherung für Angela zu kaufen. Diese Versicherung würde uns $100.000 im Falle ihres Todes vor der Geburt unserer Kinder zahlen und $250.000 an ihre Familie oder Anspruchsberechtigte.

Der Betrag von $100.000 kommt zustande, da die Summe grob alle Ausgaben decken würde, die wir bis zum Zeitpunkt ihres Todes gehabt hätten. Für uns war der Beitrag von $287 kein großer Geldbetrag und er ist es wert – ich glaube auch, dass der aktuelle Beitrag vom Alter, dem allgemeinen Gesundheitszustand und der Postleitzahl der Leihmutter abhängt.

Versicherungsschutz nach der Geburt

Die meisten Babys werden letztendlich irgendeine Form der Krankenhausbehandlung brauchen, sobald sie geboren wurden, insbesondere dann, wenn es sich um Zwillinge handelt, die als hohes Risiko eingestuft werden. Das ist der Teil, der furchtbar teuer für Sie werden kann, wenn Sie keinen Versicherungsschutz für sie haben. Dieser Versicherungsschutz wird Neugeborenen-Versicherung genannt.

Normalerweise haben alle amerikanischen Frauen, die Leihmütter werden wollen, ihre eigene Krankenversicherung und könnten das Neugeborene der Wunscheltern über diese mitversichern. Nun aber schließen die meisten Versicherungen explizit Leihmutterschaft aus ihrer Mutterschaftsdeckung aus. Wenn also die Leihmutter das Baby zu ihrer Versicherungspolice hinzufügt und alle Krankenhausforderungen um die Geburt damit abdeckt, könnte das die Versicherungsgesellschaft darauf hinweisen, dass es ein Leihmutterschafts-Arrangement war.

Wie genau die Versicherung dies herausfinden kann, weiß ich nicht, doch offensichtlich kann sie es. Die Versicherungsgesellschaft hat dann die Möglichkeit nachträglich alle Forderungen abzulehnen, die während der Schwangerschaft der Leihmutter eingereicht wurden und sämtliche Zahlungen, die sie getätigt hat, zurückfordern.

Wenn Leihmutterschaft nicht spezifisch ausgeschlossen wurde und Sie die Krankenversicherung der Leihmutter für die Mutterschaftskosten nutzen können, dann ist es wahrscheinlich, dass Sie diesen Versicherungsschutz auch für das neugeborene Kind weiter benutzen können.

ABER, wenn Sie die Versicherung der Leihmutter nutzen möchten, um die Kinder zu versichern, können Sie keinen Antrag vor der Geburt stellen, der vertraglich festlegt, dass es Ihre Kinder ab Geburt sind und darum kann die Leihmutter die Kinder nicht über ihre Versicherung versichern. Sie werden den Weg des Nach-Geburts-Antrags gehen müssen, auf den ich in Kapitel 21 näher eingehen werde.

Der Versicherungsschutz für Neugeborene von nicht-amerikanischen Eltern scheint ein Problem zu sein, denn es ist für diese sehr schwer Versicherungsschutz für das Kind zu bekommen.

Die Lloyds of London hat eine Police, die sehr teuer ist, aber, wie ich schon erwähnte, gibt es Versicherungspolicen wie die Allianz, die ein einzeln geborenes Kind vielleicht versichern. Es lohnt sich absolut über diese Police nachzudenken, da in anderen Fällen, wenn zum Beispiel ein Wunsch-Elternteil für ein globales Unternehmen mit Sitz in den USA arbeitet oder wenn ein Elternteil amerikanischer Staatsbürger ist und im Ausland wohnt, könnte es sein, dass die Wunscheltern Versicherungsschutz erhalten, welcher die Angehörigen ab Geburt versichert und so eine Menge Geld gespart werden kann.

Wir dachten, dass es sein könnte, dass Stevens Arbeitsversicherung seine Angehörigen, unabhängig davon wo sie geboren werden, mitversichern würde, doch dies galt leider nicht für die USA. Also nochmal von vorne anfangen und nach einer Alternative suchen.

In unserem Fall (Steven ist ein amerikanischer Auswanderer) waren wir bei der HTH versichert und nahmen ihre Police. Diese versicherte Steven, seinen Ehemann (sie erkennt Heirat und Lebenspartnerschaft vom Ausland an) und Nachkommen von uns beiden, also unsere beiden Kinder.

Das wird sich möglicherweise alles unter dem Obamacare-Gesetz ändern, das 2014 in Kraft tritt. Darum ist es wirklich hilfreich jede Agentur, mit der man spricht, über den Versicherungsteil der Leihmutterschaft zu sprechen und sich deren Lösungen diesbezüglich anzuhören.

Entschuldigen Sie die Menge an Informationen, die ich Ihnen nahelegen möchte. Ich kann nachvollziehen, dass Sie sich nicht nur eine Menge merken müssen, sondern dass das auch ziemlich kompliziert ist! Aber zusammengefasst sind Policen, die Sie sich anschauen und abschließen sollten, folgende:

Die Leihmutter

- Komplikationsversicherungsschutz im Falle medizinischer Komplikationen im IVF-Ablauf
- Gesundheits-/Mutterschaftsversicherung um zu gewährleisten, dass sie vom Vertragsabschluss mit dem Paar bis zum Zeitpunkt der Geburt des Babys und dem Verlassen des Krankenhauses Gesundheitsversicherungsschutz besitzt
- Lebensversicherung im Falle ihres Ablebens während des Leihmutterschafts-Prozesses

Die Eizellspenderin

- Der einzige Versicherungsschutz, der für die Eizellspenderin verlangt wird, ist der Abschluss einer Komplikationsversicherung falls sie irgendwelche Komplikationen beim IVF-Verfahren erleidet.

Das Baby/die Babys

- Unmittelbar nach der Geburt brauchen die meisten Babys irgendeine Art von Behandlungen im Krankenhaus und diese muss von einer Neugeborenen-Versicherung oder einem Nach-Geburt-Antrag abgedeckt sein.

Hier das oben Erklärte als Zeitdiagramm:

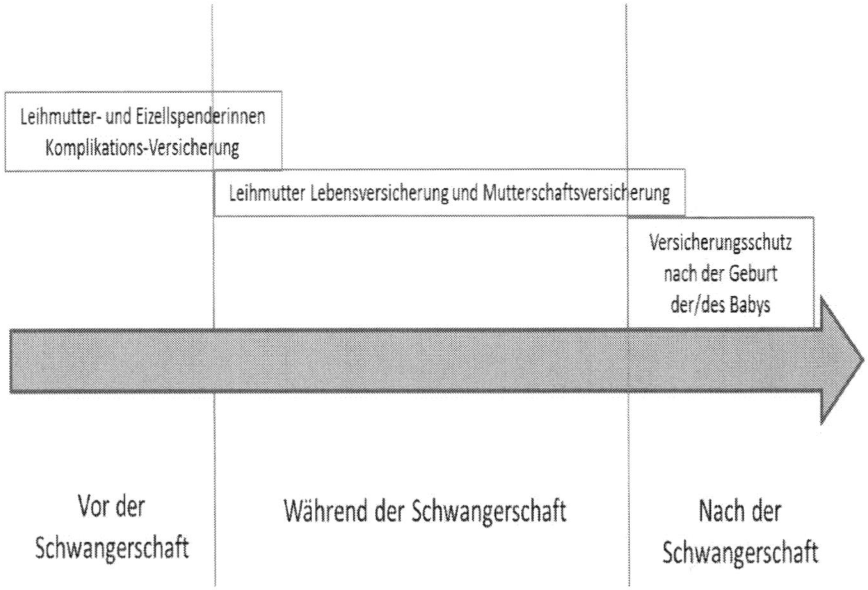

Sobald die Kinder geboren sind, wird man es Ihnen nicht übel nehmen, zu glauben, dass alles unter Dach und Fach ist, doch dem ist leider nicht so. Zwei Monate nachdem unsere Kinder auf der Welt waren, fragten wir die Leihmutter, ob sie irgendwelche Rechnungen in Bezug auf die Babys vom Krankenhaus erhalten hatte. Das war der Fall und sie hatte sie der Leihmutterschafts-Agentur ausgehändigt und wir dachten, dass alles geregelt wäre.

Dann, 9 Monate nach der Geburt unserer Babys, erhielten wir eine E-Mail von unserer Leihmutter, die uns mitteilte, dass das

Krankenhaus $15.000 für die Behandlung von einem der Zwillinge verlangte. Wie Sie sich vorstellen können, war das für uns eine riesengroße Überraschung. Es stellte sich heraus, dass durch eine Verwechslung eine der Rechnungen nicht an die Versicherungsgesellschaft übermittelt worden und monatelang bei einem Finanzkontrolleur unbezahlt auf dem Konto war.

Darum lohnt es sich mit seiner Agentur zu prüfen, was sich in Bezug auf Versicherungszuzahlungen oder Forderungen tut, die das Krankenhaus an die Versicherung stellt oder sonstige Rechnungen an die Agentur übermittelt. Ich würde auch darauf bestehen, dass die Agentur ein paar Wochen nach der Geburt das Krankenhaus anruft, um sicherzugehen, dass alle Rechnungen bei den richtigen Versicherungsgesellschaften eingereicht wurden und alles korrekt bearbeitet wird.

Ich hatte zahlreiche Diskussionen mit Leuten über diese Phase des Weges. Wir diskutierten typischerweise, ob es moralisch vertretbar ist oder nicht, wenn die Leihmutter das Neugeborene über ihre Police versichert und ihre Versicherung die Krankenhausrechnung zahlen lässt, wenn man weiß, dass man das Kind zu sich nimmt, wenn es aus dem Krankenhaus kommt?

Ob richtig oder falsch: Wann auch immer ich diese Diskussion führe, sage ich stets, dass ich das nicht entscheiden kann. Abermals glaube ich, dass es darum geht, dass man jede Option offenlegt und dann den Wunscheltern ihre eigenen fundierten Entscheidungen treffen lässt.

Fragen, die jetzt gestellt werden sollten

a) Hat Ihre Leihmutter ihre eigene Krankenversicherung und schließt diese Leihmutterschaft aus?
b) Gestattet Ihnen Ihre Leihmutterschaftsagentur die Krankenversicherung Ihrer Leihmutter zu nutzen?

c) Wenn Sie die Krankenversicherung der Leihmutter für Ihre Neugeborenen nutzen möchten, können Sie keinen Antrag vor der Geburt stellen. Ist das für Sie in Ordnung?
d) Haben Sie Ihre eigene Krankenversicherung, die Ihre Angehörigen ab Geburt mitversichert?
e) Sind die Ärzte Ihrer Wahl genehmigte Ärzte innerhalb des Krankenversicherungs-Netzwerkes oder nicht?
f) Bleibt die Agentur nach der Geburt des Kindes in Kontakt mit dem Krankenhaus, um sicherzustellen, dass der korrekte Betrag der richten Versicherung berechnet wurde?

8 DAS TREUHANDKONTO

Ich erwähnte bereits kurz das Treuhandkonto. Bei uns lief dieses über ein internes Team unserer Leihmutterschafts-Agentur, darum kann ich nur sagen wie es bei uns funktionierte. Sie werden möglicherweise sehen, dass kleinere Agenturen das einem professionellen Unternehmen überlässt und deshalb müssen Sie Ihre eigene Sorgfaltspflicht über das außenstehende Unternehmen aus den vorher genannten Gründen erfüllen.

Wenn Sie eine Leihmutterschaftsagentur benutzen, sollten Sie monatliche Abrechnung von den Treuhändern erhalten. Sie werden feststellen, dass alle nicht-zurückerstattbaren Gebühren sofort abgezogen werden (typischerweise sind alle Gebühren, die agenturgebundene Kosten sind nicht-zurückerstattbar). Es lohnt sich, die Treuhandkontobedingungen genauer zu betrachten, da Punkte auftauchen können, die entweder erklärt werden müssen oder einfach fehlerhaft sind.

Zum Beispiel beauftragte unsere Agentur eine externe Firma, die die Reisen für die Leihmutter und die Eizellspenderin bucht. Denken Sie daran, dass Sie für die Reisekosten beider Frauen und eine Person, die sie zur IVF-Klinik für die Tests und auch zum Transfer begleitet, aufkommen müssen.

Weil unsere Leihmutter und die Eizellspenderin so weit voneinander entfernt wohnten und sie Übernachtflüge nehmen mussten, dachten wir, es wäre schön für uns ein Auto zu organisieren, sie vom JFK-Flughafen abzuholen und sie zur Klinik zu fahren. Die meisten nutzen den Pendelverkehr, der viele Stopps mit sich bringt während andere nacheinander in ihre Hotels gebracht werden. Aber wir dachten im Angesicht dessen, dass diese beiden Frauen so große Opfer für uns gaben, es das Mindeste, das wir tun konnten war, sie vom Flughafen abholen und sie direkt in ihr Hotel bringen zu lassen. Tatsächlich ist der Pendelverkehr um einiges günstiger, doch was für ein Stress nach einem Übernacht-Flug!

Als unsere Eizellspenderin ankam, wartete nicht das Auto auf sie, das wir für sie organisiert hatten. Immer, wenn eine Eizellspenderin oder Leihmutter reist, sollte man ihr eine Telefonnummer außerhalb der Geschäftszeiten oder Notfallnummer geben, also rief die Eizellspenderin diese an und sprach mit jemandem des Reisebüros. Diese Person sagte ihnen, sie sollten einfach in das nächste freie Taxi steigen und mit diesem ins Hotel fahren. Das wäre in Ordnung gewesen, wenn es sich um eine 15 bis 20-minütige Autofahrt gehandelt hätte, aber tatsächlich dauerte die Taxifahrt fast zwei Stunden!

Die Rechnung dafür wurde dann an die Agentur geschickt, die sie einfach unserem Konto abgezogen hat. Also anstelle der $140 Autoservice, für den ich bereit gewesen wäre zu zahlen, waren es dann $411 für die Taxifahrt… Wäre ich nicht sehr genau mit den Kontobewegungen gewesen und nicht gefragt hätte, für was genau das war, hätten wir das bezahlt, doch ich weigerte mich für ihr Versagen die Kosten zu übernehmen und so übernahm die Agentur die Differenz.

Auf die Agenturkosten, die man auf dem Treuhandkonto hat, muss man auch für das IVF-Programm selbst zahlen. Wenn Sie also Ihre Berechnungen machen, müssen Sie das bei allem, was die Agentur Ihnen sagt, dazurechnen, es sei denn die Agentur schließt es in ihre Gesamtberechnung mit ein.

Fragen, die jetzt gestellt werden sollten

a) Hat die von Ihnen gewählte Agentur ihr eigenes Treuhandkonto?

b) Sind Sie bereit, das Treuhandkonto immer dann durchzugehen, wenn Sie Rechnungen erhalten? Wenn nicht, sollten Sie jemanden beauftragen, der das übernimmt.
c) Ist finanzielle Absicherung für das Treuhandkonto vorhanden?

9 DIE IVF KLINIK

Irgendwann im Jahr 2010 schaute ich mir im Fernsehen einen Bericht auf CNN über zwei homosexuelle Männer an, die bald in Manhattan ein Baby bekommen würden. Der Bericht führte, so gut es in 45 Minuten möglich war, durch den kompletten Ablauf und war sehr interessant. In dieser TV-Show sprach ein IVF-Arzt – Dr. Michael Doyle. Er wirkte darin unglaublich sympathisch und so fiel mir das wieder ein, als es darum ging welche IVF-Klinik wir nehmen sollten.

Wir gingen nochmal ins Internet und informierten uns über verschiedene Kliniken in den USA von Kalifornien bis Boston und verschickten zahlreiche E-Mails mit der Bitte mit den IVF-Ärzten der jeweiligen Klinik zu sprechen. Wir fanden heraus, dass die angebotenen Dienstleistungen sehr ähnlich sind, jedoch unterscheidet sich die Methodik wie die Dienstleistungen angeboten werden sehr.

Zum Beispiel berechnen manche Ärzte das über Skype geführte Einführungs-Informationsgespräch, das erläutert wie sie ihre Praxis führen. Das kann zwischen $400 bis $600 variieren, abhängig davon mit wem man spricht. Andere berechnen nichts – sie sind der Ansicht, dass das Erstgespräch Teil der Gesamtdienstleistung sein sollte. Dr. Doyle ist einer der Letzteren uns so vereinbarten wir ein Gespräch mit Dr. Doyle nachdem wir uns mit zwei Ärzten an der Westküste befasst hatten.

Tatsächlich nahmen wir drei Stunden seiner Zeit zu unterschiedlichen Gelegenheiten in Anspruch, um darüber zu sprechen was bei der Umsetzung passieren könnte, was schief, was richtig laufen könnte, usw. Er führte uns geduldig durch alle möglichen Schritte und stellte uns sein Team vor, um über Genetik zu sprechen und auch wie man Zugriff auf den Eizellenspende-Pool bekommt. Und ja, wir entschieden uns für seine Klinik, um den IVF-Prozess durchzuführen.

Neben der Tatsache, dass er unglaublich sympathisch und sachkundig ist, entschieden wir uns auch noch für eine andere IVF-Klinik an der Ostküste der USA, da es dort zahlreiche Flüge vom Vereinigten Königreich nach New York und Boston gibt und beide Städte in der Nähe seiner Klinik sind. Dies würde uns eine kurze Reisezeit gewährleisten, für die Tests genauso wie den Zeitunterschied von nur fünf Stunden. Das sind wichtige Dinge, an die man denken sollte, wenn man sich für etwas oder jemanden während des Leihmutterschafts-Prozesses entscheidet– wo diese in den USA sind, wie schnell Sie sie erreichen können und die Zeitverschiebung für Gespräche und Fragen.

Im Interesse der Transparenz als jemand, der den ganzen Leihmutterschafts-Prozess kennt, agiere ich nun als ein Geschäftsentwickler für Dr. Doyle im Vereinigten Königreich. Das funktioniert unglaublich gut für uns, da ich meinen Weg anderen potentiellen Wunscheltern detailliert erläutern kann und Dr. Doyle den zusätzlichen Nutzen hat Geschichten aus erster Hand zu erhalten, die ich ihm mitteilen kann; Das ist die große Wirkung der CT-Fertility-Leute, die sie auf uns hatten, denn das ist etwas, das ich nicht tun könnte, wenn ich nicht der Meinung wäre, dass das eine großartige Klinik mit großartigen Menschen ist.

Abermals ein Link, der eine Liste der meisten größeren IVF-Kliniken mit den jeweiligen Bewertungen von Eltern bereitstellt, die schon eine Leihmutterschaft hinter sich haben: http://www.menhavingbabies.org/surrogacy-directory/

Das ist etwas, über das ich froh zu sehen gewesen wäre als wir unsere Recherche machten, obwohl ich vermute, dass wir trotzdem dieselbe IVF-Klinik gewählt hätten!

Bei den Skype-Gesprächen, die wir führten, war auch ein Thema, welches wir mit Dr. Doyle besprachen wie seine Klinik ihre

Eizellenspenderbank führt und warum diese sich von Eizellenspenderbanken von Leihmutterschaftsagenturen unterscheiden. Der Grund dafür ist, dass die IVF-Klinik tatsächlich alle Eizellspenderinnen im Voraus prüft, um sicherzugehen, dass sie medizinisch gesehen spenden und im Pool aufgenommen werden können. Ich hatte das bereits erwähnt – stellen Sie sicher, dass ihre Eizellspenderin medizinisch untersucht und zugelassen wurde!

Jedoch ist das Wichtigste die Erfolgsrate bei Befruchtung und Transfer bis zur Schwangerschaft – wir waren zufrieden mit den Zahlen, die wir hörten und natürlich anhand der Tatsache, dass wir probieren wollten Zwillinge zu bekommen und Dr. Doyle einwilligte das mit uns zu machen, usw. Er sagte, dass wir eine Chance von ungefähr 85 Prozent hatten schwanger zu werden, wenn wir zwei Embryonen einsetzen lassen würden und außerdem hatten wir eine 50-prozentige Chance auf Zwillinge.

Für mich war das eine großartige Wahrscheinlichkeit. Doch dann fragte ich, wie viele Zyklen pro Jahr durchgeführt werden, weil wenn es natürlich eine niedrige Zahl ist es tatsächlich nicht so gut ist. Er sagte, dass sie zwischen 250 und 500 Zyklen pro Jahr machen würden. Das sind viele Schwangerschaften!

Wir fragten auch etwas, das er niemals zuvor gefragt worden war, nämlich wie seine Klinik garantieren könnte, dass der Leihmutter der richtige Embryo implantiert werden würde. Das war eine echte Sorge von uns, denn können Sie sich vorstellen, wenn man dann am Ende der Leihmutterschaft das Baby von jemand anderes hat? Dr. Doyle lachte und sagte, dass die vorhandenen Verfahren niemals erlauben würden, dass das passiert und in seinen 20 und mehr Jahren das niemals passiert ist.

Letztendlich, um es auf den Punkt zu bringen, muss man sich nochmals Gedanken über den Kostenpunkt machen. Das ist etwas, das die Leihmutterschaftsagentur in ihrem Angebot miteinbezieht oder nicht, da das in der Realität nicht in ihrem Einflussbereich steht.

Bei unserer Klinik gab es eine Anzahl von Möglichkeiten, die wir wählen konnten, was von einem bis vier Zyklen reicht – es ist vermutlich das Beste, wenn man mit der IVF-Klinik prüft was sie macht und wie sie jedes individuelle Programm, das sie anbietet, berechnet.

Wir kennen (leider) zu viele Paare, die über mehrere Zyklen versucht haben schwanger zu werden und jedes Mal erfolglos waren und deshalb entschieden wir uns für ein Programm, das uns erlauben würde vier Zyklen zu probieren.

Dieses Programm gab uns den höchsten Wert an Komfort, da Dr. Doyle bei dem vierten Zyklus eine 99-prozentige Schwangerschaftsrate hat! Natürlich gibt es für alles, das mit IVF zu tun hat, keine Garantie dafür, dass man schwanger wird und da wir dieses Programm wählten, kostete es uns auch mehr als ein Programm für einen einzelnen Zyklus und eine Pro-Zyklus-Basis stellte sich für uns als die beste Option heraus.

Das Beste an der Entscheidung ist, dass man in den USA weitere Gentests machen lassen kann. Zum Beispiel machten wir beide einen Test, bei dem wir unseren Speichel in ein kleines Teströhrchen gaben, welches dann zu einem Gentest-Unternehmen geschickt wurde, das prüfte, von welchen genetischen Krankheiten wir Träger sind. Wir baten dann die Eizellspenderin das auch zu machen und verglichen dann die Ergebnisse.

Wenn die Eizellspenderin und entweder ich oder Steven Träger des selben genetischen Defekts wären (zum Beispiel hatten wir spezielle Allele, die darauf codiert waren, eine Krankheit zu tragen), hätten wir natürlich eine andere Eizellenspenderin ausgesucht, denn die Wahrscheinlichkeit, diesen auf das Kind zu übertragen, gestiegen wäre.

Ein Beispiel wie rezessive und dominante Gene von Allelen von zwei Eltern dem Kind weitergegeben werden, sehen Sie unten[1] und, wie Sie sehen können, wenn einer von uns und die Eizellenspenderin Träger von Mukoviszidose (MS im Diagramm) wäre, hätten wir ein 25-prozentiges Risiko gehabt ein an Mukoviszidose leidendes Kind zu bekommen und ein 50-prozentiges Risiko, dass das Kind Träger dieser Krankheit ist. Schlussendlich hätte es also nur eine 25-prozentige Chance gegeben, dass das Kind nicht betroffen ist und das wollte weder Steven noch ich.

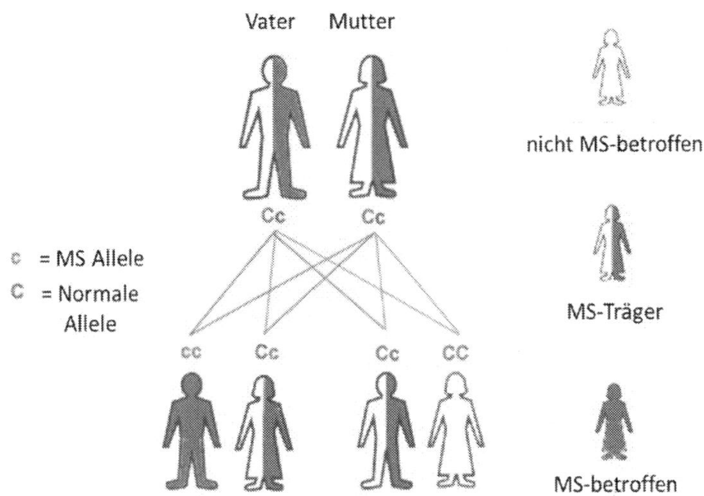

Zur gleichen Zeit, in der man den Speichel-Test macht, gibt es für die Wunscheltern auch noch die Option eines sogenannten PIDs. PID steht für Prä-Implantations-Diagnostik, bei dem einige Zellen vom Embryo entnommen und dann auf die genetischen Krankheiten untersucht werden. Das wird vor der Implantation des Embryos durchgeführt, normalerweise drei bis fünf Tage nach der Befruchtung. Diese Technik erlaubt es den Eltern, keinen Embryo mit einer genetischen Störung zu transplantieren und nur diese zu wählen, die genetisch lebensfähig sind.

Bei diesem Verfahren gibt es zahlreiche Risiken und im Vereinigten

Königreich gibt es rechtliche Folgen bei PID-Tests, während in den USA es meines Wissens nach keine gibt. Außerdem ist das PID eine teure Behandlungsmethode.

Das ist auch der Zeitpunkt, wo man sich das Geschlecht des Embryos aussuchen kann. Uns war es egal, ob wir einen Jungen oder ein Mädchen bekommen würden, denn es war solch ein Geschenk überhaupt in die Phase der Implantation kommen zu dürfen, dass wir manche Entscheidungen „Mutter Natur" überlassen wollten. Also suchten wir uns nicht das Geschlecht unserer Embryos aus und wir ließen auch keine PID-Tests durchführen, da wir ja schon den Speicheltest gemacht hatten. Dieser kam ohne Befund, darum waren wir der Ansicht, dass PID für uns nicht notwendig war.

Wenn man die oben genannten Entscheidungen und die Extras berücksichtigt, sollten Sie die IVF-Klinik fragen, was genau das „normale" Programm beinhaltet. Für uns beinhaltete es folgendes:

- Psychologische Beurteilung der Eizellenspenderin
- Medizinisches und genetisches Screening der Eizellenspenderin
- Beratung und Behandlung der Eizellenspenderin
- Fallverwaltung und Gebühr der Eizellspenderin
- Medikamente der Spenderin
- Arztkosten der Leihmutter
- Arztkosten der Väter (ein oder zwei Spermaspender)
- IVF- und Laborverfahren

Nun sah es so aus, als hätten wir alle erforderlichen Maßnahmen unternommen, um mit dem Leihmutterschaftsprozess zu beginnen. Wir hatten eine Agentur und verhandelten mit ihr die Rechtsverträge. Die Leihmutter war gefunden und wir verhandelten mit ihr die Rechtsverträge und die IVF-Klinik war ausgesucht und die Verträge des Zykluspakets, das wir wollten, waren verhandelt… Doch einen Augenblick mal – wir brauchten noch die Eizellen!?!

Fragen, die jetzt gestellt werden sollten:

a) Wie weit ist die IVF-Klinik von einem internationalen Flughafen entfernt?
b) Wie schneidet die IVF-Klinik in den Statistiken ab (zum Beispiel bei den Schwangerschaftsraten) und wie ist ihre Reputation unter Leihmüttern, Eizellenspenderinnen und anderen Wunscheltern?
c) Wie viel Zeit ist sie bereit in Ihre Fragen über die Programme zu investieren?
d) Wie viel kosten ihre IVF-Programme?
e) Untersuchen sie ihre Eizellenspenderinnen im Voraus?
f) Möchten Sie, dass genetische Tests durchgeführt werden, um herauszufinden von welchen genetischen Krankheiten Sie Träger sind?
g) Möchten Sie die PID der Embryos?
h) Wenn Sie die Möglichkeit haben, wollen Sie sich das Geschlecht aussuchen?

10 EINE EIZELLENSPENDERIN AUSWÄHLEN

Die Eizellen auszusuchen, sollte ein einfaches Unterfangen sein, doch in Wahrheit dauert es wieder einmal eine Ewigkeit. Eine Sache, die es zu erwähnen gilt ist, dass es zwei Arten von Spenden gibt, unter denen Sie auswählen können – eine „anonyme" Spende oder eine, bei der man die Spenderin „kennt".

Die anonyme Spende ist genau das, was sie bereits beschreibt: Sie können von einem Profil aussuchen, das alle Informationen über die Spenderin enthält, jedoch ist es soweit bearbeitet, dass es unmöglich ist die Spenderin je ausfindig zu machen. Eine „bekannte" Spenderin ist eine Frau, mit der Sie sogar sprechen und sie so ein bisschen näher kennenlernen können, sodass Sie ihre hauptsachlichen Beweggründe hinter der Entscheidung eine Eizellenspenderin zu werden nachvollziehen können.

Sehr früh trafen wir die Entscheidung, dass wir für unser Baby keine Eizellspenden unserer Freundinnen wollten. Wir hatten ein befreundetes Paar, das uns anbot Eizellen zu spenden, was natürlich unglaublich lieb war, doch wir wollten jemanden für die Eizellenspende, den wir nicht persönlich kannten.

So würden wir stets in der Lage sein, alle Entscheidungen um die Kinder selbst treffen zu können. Wir kennen manche Paare, die die Eizellen ihrer Schwester nahmen und sie dann mit dem Sperma des eigenen Partners befruchteten – auf diese Weise gibt es eine echte genetische Verbindung zu beiden Familien für das Kind. Das ist erstaunlich, wenn man das machen kann, doch das war einfach etwas, das wir nicht wollten. Außerdem haben Steven und ich tatsächlich auch nur Brüder, also war das keine Möglichkeit!

Wir entschieden auch, dass – obwohl wir keine Eizellen von

Freunden wollten – wir trotzdem eine uns „bekannte“ Spenderin wollten. Der Grund war, dass neben den zahlreichen physikalischen Merkmalen, aus denen man wählen kann, man auch sieht, was diese Person ausmacht, wer sie ist und hoffentlich auch, wie ihre Qualitäten (mit den eigenen) sich dann in den Kindern äußern. Man kann darüber sprechen, welches Lebensziel die Eizellenspenderinnen hat und man kann dann auch sehen, wie diese Person tickt.

Eine andere Logik hinter unserer Entscheidung eine uns bekannte Spenderin zu haben war, dass wenn unsere Kinder eines Tages wissen wollen wer ihre biologische Mutter ist und warum sie tat was sie tat, wir zumindest diese Option haben wollten. Man hört viele Geschichten von adoptierten Kindern, die ihr Leben lang versuchen herauszufinden wo ihre Mutter ist und warum sie tat was sie tat und wir denken, dass indem wir wissen wer die Spenderin war, ein Weg ist all den möglichen Herzschmerz zu vermeiden, den die Suche nach der Mutter nach sich ziehen würde; Wir wissen und verstehen, dass unsere Kinder eines Tages fragen werden, mit ihr in Kontakt treten zu dürfen und aus gegenwärtiger Sicht haben wir dann die Möglichkeit.

Auch dachten wir, dass es aus medizinischer Sicht klug ist, wenn wir aus irgendwelchen medizinischen oder genetischen Gründen in der Lage sein müssten mit der Eizellspenderin in Kontakt zu treten, wir dann wissen wie wir das können. Und es sei auch gesagt, dass das auch eine gegenseitige Hilfe ist; Wenn unsere Eizellspenderin eigene Kinder hat und aus irgendwelchen Gründen eine genetische Übereinstimmung braucht, dann könnten unsere Kinder möglicherweise helfen.

Zurück zu der Frage, wie wir die Eizellen fanden: Die Leihmutterschaftsagentur hat eine Eizellspende-Bank, die IVF-Klinik ebenfalls und dann gibt es noch zahlreiche andere Optionen: eggdonor.com, konzeptionelle Optionen und „Fertility Bridges“, um ein paar zu nennen.

Natürlich nahmen wir zu allen Kontakt auf und fragten, ob wir deren Profile sehen durften.

Wir verbrachten mindestens ein paar Wochen damit nach Informationen über die Eizellspenderinnen zu bekommen und typischerweise waren alle, die wir mochten „reserviert" oder wurden schon von einem andere Paar gebucht und waren gerade „im Zyklus" (zum Beispiel hätten wir drei bis vier Monate warten müssen, bis sie durch einen Zyklus waren und das Verfahren noch einmal starten konnten). Ein eher frustrierender Verlauf.

Wir wunderten uns über die Geschichten, die man so hört darüber, wie manche Leute Supermodels aus Kalifornien aussuchen und darauf warten mit jenen übereinzustimmen, die Olympia-Sportlerinnen auf Sport-Magazinen sind und einen überdurchschnittlichen IQ haben – das wäre die ideale Spenderin, doch die Realität ist, dass falls sie wirklich existiert, wir uns ihre Eizellen vielleicht gar nicht hätten leisten können!

Als wir die Spenderinnenprofile durchgingen, war das eine sehr unwirkliche Erfahrung, denn man schaut sich nach der möglichen Mutter seines Kindes im Internet um. Die unterschiedlichen Eizellspender-Poole sind alle anders strukturiert, doch generell erhält man viele medizinischen Informationen, Bildungshistorie und ein paar Fotos. Wir filterten jene heraus, die wir wollten, doch manche Filter, die wir hätten anklicken können beinhalteten Sachen wie Nationalität, Religion, Größe, Gewicht und das erreichte Ausbildungsniveau.

In den Profilen erhält man nicht nur viele Informationen über die Spenderin, sondern auch medizinische Details über ihre Geschwister, Eltern und Großeltern. Ich hatte das Gefühl, dass ich mehr über die Eizellspenderin und ihre Biologie wusste als über Stevens Familie… sehr merkwürdig. Tatsächlich entschieden wir, dass wir keine Eizellenspenderin wollten, deren Familie genetisch mit Krebs (zum Beispiel Brustkrebs) vorbelastet ist und wir wollten jemanden, der eine Hochschulausbildung hatte. Abgesehen davon waren wir für Vorschläge offen.

Wir entschieden die Profile in Runden durchzugehen. In der ersten Runde gingen wir beide einzeln durch alle Listen und schrieben Namen und Profilnummern in eine separate Liste, sodass wir diese dann durchgehen und besprechen konnten. Dann verglichen wir unsere jeweilige Auswahlliste und wenn es eine Übereinstimmung gab, kam diese Person in die zweite Runde. In dieser gingen wir näher auf die Details in Bezug auf ihre Familiengeschichte ein und dann besprachen wir welche Eizellenspenderinnen wir mochten und warum.

Diejenigen, welche uns beiden gefielen, kamen in die dritte Runde. Bis Runde drei hatten wir unsere Profile auf fünf Spenderinnen geschmälert. Zeit, die Person mehr nach ihrem Aussehen auf dem Papier zu beurteilen – wirklich schrecklich, das tun zu müssen, doch irgendwie mussten wir uns auf eine Spenderin einigen. So hatten wir dann nur noch zwei Spenderinnen und dann endlich hatten wir entschieden, welche unsere Nummer eins war und die zweite war unsere Ersatzspenderin. Die eine, die wir wollten, kam von unserer Leihmutterschaftsagentur und die zweite von einer externen Eizellenspendeagentur.

Indem wir fragten, ob wir mit unserer Ersatz-Eizellenspenderin reden dürften, machten wir eine Entdeckung, die wir vorher nicht beachteten. Als wir bei unserer Leihmutterschaftsagentur unterschrieben haben, war uns nicht klar, dass unabhängig davon welche Spenderin wir wählten, wir eine nicht-zurückerstattbare Gebühr für das Finden unserer Spenderin zahlen mussten. Das bedeutete, dass wenn wir die Ersatzspenderin genommen hätten, wir möglicherweise diese Gebühr doppelt hätten zahlen müssen. Einmal an unsere Leihmutterschaftsagentur und einmal an die Leute, die unsere eigentliche Spenderin gefunden haben.

11 SCHWANGER WERDEN

Zu diesem Zeitpunkt gibt es eine Menge an Selbstbeobachtung als Individuen und als Paar. Man ist dabei die andere Seite der Genetik seiner Kinder auszusuchen und die genetische Mutter seines zukünftigen Kindes. Das ist was die Menschen unbewusst tun, wenn sie in eine Bar gehen und zum ersten Mal die eine besondere Person treffen, aber wir taten das tatsächlich vor dem Computer und suchten eine Eizellspenderin. Ein sehr komischer Moment unseres Lebens!

Zu Beginn der Selbstbeobachtung stand eine Menge an Diskussionen in unserem Haushalt über das Natur- versus Erziehung-Argument, die immer unter Homosexuellen aufkommen. Wir machten uns wirklich eine Menge Gedanken darüber, wie es für unsere Kinder wäre, wenn sie mit zwei Vätern aufwachsen würden. Würden sie in der Schule schikaniert werden? Würden sie auch homosexuell sein? Würden sie als etwas anderes betrachtet werden? Tatsächlich durchdachten wir diesen ganzen Prozess sehr genau, da es ja nicht so ist, dass zwei Männer eines Morgens aufwachen und ein Gespräch führen, in dem einer sagt: „Liebling, ich bin schwanger".

Wir beide dachten lange und angestrengt über die Werte, die wir unseren Kindern vermitteln wollten nach, welche Art von Familie wir sein und wie wir sie großziehen wollten. Jedoch, von Zeit zu Zeit kamen wir immer wieder zu der Tatsache, dass wir nur wollten, dass unsere Kinder glücklich sein und sie Selbstbewusstsein und Selbstachtung haben würden. Wir wollen, dass sie wissen, dass sie geliebt werden und von uns wirklich gewollt waren, so sehr, dass wir durch den ganzen Prozess gegangen sind, um sie zu bekommen. Ehrlich gesagt, solange sie das haben, können wir als Familie alles schaffen, dass das Leben uns entgegenstellt.

In dieser Phase des bürokratischen Prozesses hatte Angela ihr medizinisches Screening und die psychologischen Tests bestanden und wir unterschrieben alle rechtlichen Formalitäten. Jessica hatte ihre medizinische Untersuchung bestanden und alle rechtlichen Formalitäten unterzeichnet – also aus bürokratischer Sicht waren beide Frauen bereit – es gab nur noch eine Sache, die wir erledigen mussten.

Als wir uns bei der Agentur meldeten, sagte man uns, dass bevor wir den Embryonentransfer machen konnten, wir unseren Letzten Willen und unser Testament machen mussten. Das ist natürlich eine sehr wichtige Sache, die man erledigen muss, denn wenn Steven und ich während der Schwangerschaft der Leihmutter gestorben wären, wo wären dann das Kind oder die Kinder hingekommen?

Wir sprachen mit den Menschen in unserem Leben und fragten sie, falls das Undenkbare passieren würde, ob sie sich um unsere Kinder kümmern würden. Gott sei Dank sagten alle, dass sie das machen würden, also bereiteten wir unseren Letzten Willen vor. Wir schickten eine Kopie davon an die Agentur, die dann der IVF-Klinik sagte, dass wir nun bereit wären fortzufahren, da für unsere Familiengründung alles geregelt war.

Die Agentur übernahm dann wieder und begann den ganzen Formalitätsprozess mit der IVF-Klinik. Sie wird mit der Leihmutter, der Eizellspenderin und der Klinik in Kontakt treten, um Termine für Leihmutter und Eizellspenderin zum medizinischen Screening bei der IVF-Klinik ausmachen (falls sie das Screening noch nicht gemacht haben) und damit beide Frauen zur gleichen Zeit ihre IVF-Behandlung beginnen können, damit sich ihre Menstruationszyklen synchronisieren. Das ist sehr wichtig, denn selbst ein Tag Unterschied das Scheitern des Prozesses bedeuten kann – die Eizellen werden befruchtet werden können, aber sie würden es nicht bis zum Implantationsschritt schaffen. Ich verstehe wirklich nicht, wie das überwacht werden kann und stehe daher einer Debatte offen. Wenn beide, die Eizellspenderin und die Leihmutter, sagen sie nehmen ihre Medikamente, wie ist es dann für irgendjemand möglich wirklich sicherzugehen, dass sie sie wirklich nehmen? Meiner Meinung nach ist das ein Punkt, den die IVF-Klinik über Bluttests für verschiedene Hormonlevel und auch durch Ultraschalluntersuchungen überwachen sollte, damit man sicher sein kann, dass die Frauen auch tun was sie tun sollen. Auch wird das dazu führen, dass die IVF-Klinik den Eisprung zum bestmöglichen Zeitpunkt auslösen kann.

Anfang Januar 2012 flogen Steven und ich für ein paar Tage nach New York, wo aus Gründen der FDA (Amerikanische Lebensmittel- und Medikamenten-Verwaltung) ein Bluttest auf sexuell übertragbare Krankheiten gemacht wurde. Das muss in einem bestimmten Zeitrahmen vor der Befruchtung gemacht werden, also dachten wir, dass wir das an einem Donnerstag machen lassen würden und dann das Wochenende in Manhattan verbringen würden, bevor wir nach Connecticut reisen würden, um ein Baby zu machen!

Die IVF-Klinik gibt den Wunscheltern und der Eizellspenderin eine Woche, in der der Eisprung sein könnte – der Grund dafür ist, da sie nicht genau weiß wie die Eizellspenderin auf die eisprungauslösenden Medikamente ansprechen wird.

In unserem Fall war er genau am Freitag, also fast die gesamte Woche, die wir hatten. Jessica war in dieser Phase für fünf Tage in Connecticut und so verabredeten wir uns mit ihr und ihrem Ehemann zum Abendessen und lernten sie so ein bisschen besser kennen.

Dies hätte wirklich unangenehm sein können, doch tatsächlich waren sie einfach wundervoll. Steven und ich warteten in einem Restaurant in Bridgeport, Connecticut und mehrere Szenarien schossen uns darüber durch den Kopf, wie der Abend werden würde uns so hatten wir schon ein paar Drinks, um unsere Nerven zu beruhigen als Jessica und ihr Ehemann kamen.

Wir unterhielten uns lange über Jessicas Familie und auch über die

Tatsache, dass sie auf ihren Master in der Kindererziehung studierte, da sie gerne unter Kindern ist. Ihr Ehemann unterstützte sie unheimlich in ihrer Entscheidung Eizellspenderin zu sein und ich glaube, es war gut für ihn uns auch zu treffen, da wir natürlich für immer mit seiner Frau verbunden sein würden (auch wenn wir nicht regelmäßig Kontakt zu ihr hatten). Er war Rechtsanwaltsanwärter, der sehr hart dafür arbeitete ein Haus für sich und seine Frau kaufen zu können, in dem sie leben und eine Familie gründen könnten. Alles in allem waren sie absolut liebenswert.

Es ist wohl nicht nötig zu sagen, dass das Abendessen im Nu verging und bevor wir es merkten, sagten wir „Auf Wiedersehen!" und dass wir nicht wirklich sicher waren, ob wir sie am nächsten Tag sehen würden, aber dass – sollten wir sie nicht sehen – wir ihr viel Glück für die Eizellentnahme am Morgen wünschten.

Wir erschienen also am Donnerstag in der IVF-Klinik und wurden in den Warteraum geschickt. Wir hatten uns für den „frischen Transfer" entschieden, was im Wesentlichen bedeutete, dass wir mit frischem Sperma anstelle von gefrorenem die Eizellen befruchten lassen würden. Der Grund dahinter war, dass Dr. Doyle uns erklärt hatte, dass die Erfolgsquote bei der Eizellenbefruchtung mit frischem Sperma etwa bei 78% liegt, gegenüber 65% mit gefrorenem Sperma. Natürlich wollten wir alles Mögliche dafür tun, die beste Chance zu haben, deshalb das frische Sperma.

Ich hatte immer angenommen, dass sie eine Probe von mir und eine Probe von Steven nehmen würden, diese zusammen mischen und dann Darwin und seine „Überleben des Stärkeren"-Theorie ihren Lauf lassen würden. Unter den Gesetzen der FDA ist dies jedoch nicht länger erlaubt; Wir beide mussten individuelle Proben abgeben und die Kliniker würden jede Probe nutzen, um die Eizellen separat zu befruchten.

Also kam 15 Minuten später einer der medizinisch-technischen

Assistenten und nahm erst Steven mit, gab ihm ein Plastikgefäß und führte ihn in einen anderen Raum. Dann kam ich dran. Wie unangenehm das ist – man muss gehen und eine Probe für sie „produzieren", um die Eizellen zu befruchten, der ganze Druck UND eine Anzahl an Leuten im Wartezimmer, die alle wissen, was man macht – einfach nur peinlich. Die anderen wiederum sind aus exakt dem gleichen Grund im Wartezimmer und wir tun alle so, als würden wir nur fernsehen an einem ganz normalen Tag!

Wie auch immer, ich gehe in den Raum und da sind ein Krankenbett, ein Fernseher und ein Regal mit Porno-Zeitschriften. Ich dachte, es wäre interessant zu schauen wie diese waren und schlug eines davon auf. Ich brach fast in Gelächter aus – eine Person, die vor mir hier gewesen war, hatte Fotos seines Partners gemacht und diese so zurechtgeschnitten, dass er das Gesicht seines Partners über die Bilder der Männer stecken konnte. Im Ernst, es war ganz genau das, was nötig war, um eine schwierige Situation nicht so angespannt zu meistern (entschuldigen Sie das Wortspiel).

Als ich fertig war, verließ ich den Raum und da gab es eine Klingel für mich zum Drücken, um die medizinisch-technischen Assistenten wissen zu lassen, dass die Probe abholbereit war. Ich sammelte Steven vom Wartezimmer auf und wir gingen Frühstücken… Wie Sie sich vorstellen können, war dieses Gespräch nur surreal „Also, wie war das für dich, mein Schatz?"

Später wurde uns gesagt, dass Jessicas Eizellenentnahme gut verlaufen war. Sie hatte 12 Eizellen produziert, die aufgeteilt wurden: 6 für mich und 6 für Steven und der Befruchtungsprozess war im Gange. Alles sehr unwirklich!

An diesem Punkt hatten wir gefragt, welche Art von Befruchtung sie machten – auf normale Art oder ICSI. Im Fernsehen sieht man immer vergrößerte Aufnahmen der Eizelle und dann eine große Nadel, die hineinsticht und ein Spermium in die Eizelle injiziert – das wird ICSI (Intrazytoplasmatische Spermieninjektion) genannt. In unserem Fall, da unsere Spermien normal aussahen – sie schwammen zum Beispiel wie erwartet normal – ließen sie der Natur ihren Lauf. Ich kann nur annehmen, dass das bedeutete, dass sie das Sperma nahmen und es einfach mit den Eizellen mischten.

Eine Sache, die es zu erwähnen gilt ist, dass spezifische Medikamente tatsächlich verhindern können, dass man schwanger wird. Das ist der Fall mit dem Medikament Propaecia, das den Haarausfall bremst – eine der Nebenwirklungen in seinem Klappentext ist, dass es ein Risiko auf Anomalien der äußeren Genitalien eines männlichen Fötus verursachen kann. Der Grund dafür ist, dass männliche Spermien winzige Mengen des Medikaments tragen können, was dann zum Fötus gelangt und möglicherweise Auswirkungen auf seine Entwicklung haben könnte. Aus diesem Grund wurde Steven geraten, es drei Monate vor dem Transfer abzusetzen.

An diesem Abend erhielten wir eine E-Mail vom medizinisch-technischen Assistenten, in der er uns mitteilte, dass die Befruchtung stattgefunden hatte und sie am Morgen überprüfen würden, wo wir waren. Also warteten wir mit angehaltenem Atem und am folgenden Morgen erhielten wir die Nachricht, dass alle 12 Eizellen auf natürlichem Weg befruchtet wurden und nun in einem Inkubator, ihrem Zuhause auf Zeit, waren.

Darin blieben sie drei Tage, bevor uns die Klinik eine weitere Nachricht schickte, in der stand, dass von den 12 eine nicht so weit fortgeschritten war, doch dass sich 11 weiterentwickelten, was bedeutete, dass sie sie bis zum fünften Tag nach der Befruchtung wachsen lassen würden. Offenbar ist das die optimale Zeit, die besten Embryonen zu transferieren.

Am Tag nach Jessicas Eizellentnahme flog sie nach Hause zurück und Angela kam – die zwei, zu der Zeit, wichtigsten Frauen in unserem Leben haben sich leider nicht getroffen, was für uns eine unglaubliche Erfahrung gewesen wäre. Aber so ist das Leben.

Also da waren wir, Angela, Steven und ich in der Hotel-Lobby in Connecticut mit nicht viel zu tun als von unserem jeweiligen Leben zu sprechen, unseren Gedanken, unseren Werten und über alles, das damit zu tun hatte, dass wir Eltern werden. Angela (als Mutter von zwei Söhnen), ist gut versiert in der Elternrolle und war fantastisch in dieser Zeit, schließlich „kannten" wir sie nicht wirklich und es hätten furchtbare Tage werden können, doch das waren sie wirklich nicht.

Sie erzählte uns alles über ihr Leben. Wie sie auf den Philippinen bis zu ihrem 18. Lebensjahr wohnte, über den Umzug in die USA und ihren Schwierigkeiten und dann sprach sie von ihren Kindern und ihren Träumen und je mehr wir sie kennenlernten, desto mehr mochten wir sie – sie ist rundum eine erstaunliche Frau.

Weil Jessica unglücklicherweise später ihren Eisprung hatte als gedacht, sah unser Plan es vor, dass Steven die USA verlassen musste, um am Sonntagmorgen / Montagfrüh zur Arbeit zu gehen. Ich konnte bleiben bis die Embryos vier Tage alt waren, aber leider bedeutete das, dass keiner von uns zum Transfer dabei war.

Da wir Zwillinge wollten, sagten wir der IVF-Klinik, dass sie die zwei besten Embryonen transferieren sollte. Zur gleichen Zeit fragten wir den medizinisch-technischen Assistenten, ob er die Embryos vor dem Transfer fotografieren könnte und er sagte, dass er das machen könnte.

Ich finde es erstaunlich, dass wir tatsächlich die zwei folgenden Bilder unserer Kinder bekamen als sie nur fünf Tage befruchtet waren!

Dies war der Abschnitt, den wir fürchteten – bis zu diesem Punkt war eigentlich alles, das wir getan hatten, in einem medizinisch begünstigtem Umfeld geschehen, fast eine beschützte Plattform und jedes Verfahren und jede Prozedur wurde mit größter Sorgfalt gemacht, um das gewünschte Ergebnis zu erzielen – eine Schwangerschaft. Dieser nächste Teil lag nun in der Hand Gottes oder der Natur oder woran man auch immer glaubt. Also waren unsere Hauptgedanken „Was, wenn es nicht klappt?“

Wie ich oben bereits erwähnte, wo wir die Kosten besprachen und warum wir uns für das teuerste Leistungspaket der IVF-Klinik entschieden hatten, kennen wir so viele Leute, die Transfer für Transfer die herzensbrechende Erfahrung machen mussten und die Embryonen sich nicht entwickelten.

Wir wissen genau, wie schwer das für die betroffenen Paare und ihre Beziehung ist und obendrein kennen wir die finanzielle Belastung, die sie das gekostet hat. Und die Spitze des Eisbergs ist, als ob der emotionale und finanzielle Blickwinkel nicht schon genug wären, gibt es nach jedem gescheiterten Versuch eine 3-monatige Wartezeit, bevor man von neuem beginnen kann, da die Leihmutter und die Eizellspenderin durch einen natürlichen Zyklus gehen müssen.

Also, am Donnerstag, 12. Januar 2012, ließen wir die Eizellen befruchten, am Montag, 16. Januar wurden unsere 5-Tage alten Blastozysten ihrer Bauchmama transplantiert.

Fragen, die jetzt gestellt werden sollten

a) Welche Werte wollen Sie Ihren Kindern vermitteln, in welchem Umfeld sollen sie aufwachsen und wie werden Sie sich als ein Elternteil verhalten?
b) Wer überwacht die Eizellspenderin und die Leihmutter, um sicherzustellen, wie sie auf ihre IVF-Behandlung reagieren?
c) Sind Spermatests lokal möglich oder muss man in die IVF-Klinik dafür? Die lokale Variante wird natürlich viel Geld

sparen, doch es muss so durchgeführt werden, dass es FDA-bewährt ist.

d) Möchten Sie bei der Eizellentnahme und der Implantation in der IVF-Klinik sein?
e) Möchten Sie, dass die IVF-Klinik ein Foto der Embryonen macht bevor diese implantiert werden?
f) Haben Sie Ihren Letzten Willen und Ihr Testament hinterlegt?
g) Haben Sie mit den Menschen gesprochen, die ihr Kind im Falle Ihres Todes aufnehmen sollen und sie über Ihre Pläne informiert?

12 FRÜHSCHWANGERSCHAFT

Wir mussten dann einfach warten... Vier Tage der Angst und Unruhe und der einfachen Frage, ob das Ganze eine massive Katastrophe gewesen wäre, bis Angela einen Bluttest machen konnte, um zu sehen, ob der Transfer bis zu diesem Zeitpunkt erfolgreich gewesen war. Sharron von der IVF-Klinik rief mich am 20. Januar während ich mit Lisa, einer Freundin, in Los Angeles frühstückte an. Ich erinnere mich exakt an ihre Worte: „Angelas HCG-Wert liegt bei 199, was ein sehr frühes Anzeichen für eine Schwangerschaft ist! Wir werden in sieben Tagen einen weiteren Test machen und der wird dann den neuen Wert bestätigen und wir werden sehen, ob es sich weiterhin normal entwickelt.“ Ich brach in Tränen aus und Lisa starrte mich nur an... Sie wusste nicht, dass wir Babys haben wollten oder dass wir kurz davor waren eine Familie zu gründen! Natürlich tranken wir ein Glas Champagner zu unseren Omeletts!

Darauf folgte dann noch ein unruhiges Warten bis zum 27. Januar, als Sharron noch einmal anrief und sagte, dass der HCG-Wert auf 472 angestiegen war und dieser Wert sehr hoch sei und, obwohl es nichts zu bedeuten hatte, sie vermutete, dass es sehr wohl die gewünschten Zwillinge sein könnten. Noch einmal hieß es abwarten und am 31. Januar wurden wir nochmals von Sharron kontaktiert, die sagte, dass alles gut voranging und Angelas HCG-Wert nun bei 2666 lag!!

Konnte es wirklich sein, dass wir gleich beim ersten IVF-Versuch schwanger geworden sind und wir sogar das bekommen würden, was wir wirklich wollten – nämlich Zwillinge? Doch natürlich mussten wir nochmals bis zum 6-Wochen-Scan warten, wenn Angela bei einem vaginalen Ultraschall untersucht und alles bestätigt werden konnte.

Wir führten eine Diskussion darüber, ob wir für den 6-Wochen-Scan nach Arizona fliegen sollten oder nicht, aber so gerne wir dabei gewesen wären, konnten wir die Kosten dafür nicht rechtfertigen. Also ging Angela allein zum Scan und mit dem 9-Stunden-Zeitunterschied rief sie uns danach an, was bei uns spät am Abend war. Der Transfer war erfolgreich und alle beiden kleinen Embryonen hatten gehalten – wir erwarteten Zwillinge!!! In diesem Moment hatten wir das Gefühl, dass all unsere Hoffnungen und Träume wahr werden würden.

Da Angela ihren Transfer an einem Donnerstag gehabt hatte, beschlossen wir schon am Anfang, dass wir ihr jeden Donnerstag eine Email schreiben würden, um zu sehen wie es ihr ging. Wir wollten sie wirklich nicht jeden Tag mit unseren Sorgen darüber erdrücken was sie aß, wann siearbeitete oder was sie in jeder Minuten an jedem Tag machte. Außerdem hatte sie selbst schon zwei Schwangerschaften hinter sich und wusste, was sie tat – man muss wirklich eine Menge Vertrauen in die Leihmutter haben und das ist der Grund, warum sie ordentlich untersucht werden sollte. Also für uns war es sehr wichtig, nach unserem Bauchgefühl zu gehen, dass für sie die Babys Priorität hatten. Da wir bei dem ersten Scan nicht dabei waren, beschlossen wir, dass wir für den 10-Wochen-Scan zu ihr fliegen würden. Da wir eine Menge Geld in den ganzen Prozess steckten, veranlasste uns das sehr darauf zu achten, wo es möglich war Geld zu sparen. Darum war eine unserer Aufgaben herauszufinden, wie wir all unsere Flugmeilen aufbrauchen konnten, um Reisepläne zu schmieden, die sich zeitmäßig mit den zwei Scans überschnitten.

Für den 10-Wochen-Scan schafften wir es, einen Direktflug mit British Airways zu bekommen (die einen Flug am Tag nach Phoenix machen) und dann für den 20-Wochen-Scan mussten wir eine Zufallsroute von London nach Los Angeles nach Phoenix, dann nach

Chicago nach London mit Virgin Atlantic nehmen. Aber die ganze Planung war es wert!

Für die erste Reise nach Phoenix zum 10-Wochen-Scan arrangierten wir für Angela und ihre beiden Jungs einen Aufenthalt bei uns im „The Boulders Resort & Hotel" im nördlichen Phoenix. Wir wollten das Wochenende mit ihnen allen verbringen und wollten sie und ihre Jungs sehr gerne besser kennenlernen. Wir trafen uns im medizinischen Zentrum, wo sie den Scan hatte und warteten geduldig auf den Arzt; Bis er kam, führten wir ein wundervolles Gespräch mit Angela darüber, wie sie sich fühlte, was sie fühlte und wie ihre Wochen waren seit wir sie zuletzt gesehen hatten.

Schließlich wurde uns ein Zimmer gezeigt, das wir kannten und ehe wir es uns versahen, schauten wir auf eine Ultraschallaufnahme, die zwei Erdnüsschen mit winzig kleinen, sehr schnell schlagenden Herzen zeigte – wie Sie sich vorstellen können, füllten sich unsere Augen mit Tränen und Angela nahm unsere Hände und drückte sie. Der Mann, der die Aufnahme machte, fragte uns, ob wir ein paar Ultraschallfotos mitnehmen wollten und natürlich nutzen wir die Chance und nahmen sie mit.

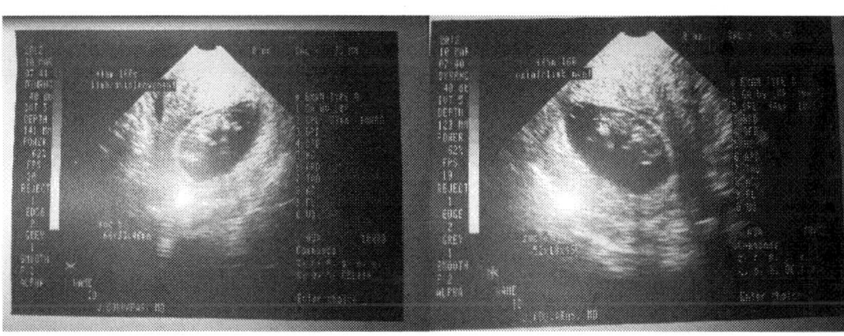

Zu diesem Zeitpunkt konnten wir nicht wirklich etwas erkennen, außer den Herzen und eine grobe Form mit wirklich großen Köpfen. Wir wollten so schnell wie möglich die Geschlechter der Babys erfahren. Ehrlich gesagt ging das Ganze mit genügend Überraschungen einher und so wollten wir uns mental auf die

Ankunft der beiden vorbereiten können.

Wir hielten Kontakt zu Angela über die nächsten paar Wochen per Email und natürlich – jetzt, da wir mehr Zeit mit ihr verbracht hatten – hatten wir wirklich das Gefühl sie mehr und mehr zu kennen. Wir fragten sie wie die Schwangerschaft verlief und ob es anders war als bei ihren eigenen Kindern. Natürlich war es das, denn dieses Mal trug sie Zwillinge aus und nicht ein einzelnes Baby, was einen massiven Einfluss auf ihren Körper hatte. Sie war viel öfter müde, bekam mehr Wasser und fühlte sich in der Regel lethargisch. Doch das brachte sie nicht davon ab, jeden Morgen um 4:30 Uhr aufzustehen, um ins Büro zu fahren, 10 Stunden zu arbeiten und dann heimzukommen, um nach ihren Jungs zu sehen. Einfach bemerkenswert!!

Dann war es für uns Zeit für den 10-Wochen-Scan noch einmal nach Phoenix zu reisen. Es war komplett anders. In dieser Phase konnte man Angela schon langsam ansehen, dass sie schwanger war. Sie sagte, dass sie jeden Tag mit den Babys sprach und dass sie von einem immer die Bewegungen spürte – das andere blieb einfach an Ort und Stelle. Groteskerweise war das die ganze Schwangerschaft hindurch der Fall – ein Baby war ständig in Bewegung, das andere rührte sich nicht! Sie sagte auch, dass sie den Drang hatte, sich viel zu bewegen. Also lief sie viel mehr als sonst und ging auch schwimmen – all das, weil sie das Gefühl hatte, besonders gesund für die Babys sein zu müssen, da sie das beste und das bestmögliche Umfeld für sie zum Wachsen wollte. Wieder waren wir so glücklich, solch eine bemerkenswerte Frau als Leihmutter gefunden zu haben!

Dieses Mal war der Scan in dem Krankenhaus, in dem Angela für die Check-ups war. Wir wussten nicht wirklich, was uns erwartete, da das eine Leihmutterschaft mit zwei Vätern und Angela in dem Zimmer mit der Ultraschalltechnikerin war. Wir betraten den Raum und die Technikerin war sehr unpersönlich und nicht sehr gesprächig… Kein gutes Zeichen!

Aber als die Bilder erschienen und wir Angelas Hand nahmen, wurde die Frau fast stutzig. Sie bemerkte, dass wir Angela nicht als Brutkasten für unsere Kinder betrachteten, sondern dass es viel mehr als das war. Sie konnte sehen, dass wir eine solch erstaunliche Beziehung zu Angela hatten und dass wir ihr unglaublich dankbar waren, dass sie uns dieses Geschenk machte. Ihre Einstellung änderte sich spürbar und sie begann zu sprechen und machte viel mehr Fotos der Babys aus unterschiedlichen Perspektiven – und sie wurde allgemein viel netter.

Wie uns Angela schon vorher sagte, bewegte sich eins der Babys konstant oder, wie es die Technikerin formulierte, sich immer ins Bild drängte! Schließlich fragte sie uns, ob wir wissen wollten, ob es Mädchen oder Jungen waren und wir sagten übereinstimmend „Ja".

Angela dreht sich zu ihr und sagte: „Sie müssen mir das nicht sagen, ich weiß es bereits – ich habe das schon mal gemacht und ich weiß, auf was ich geschaut habe". Die Technikerin ließ Angela ihr etwas ins Ohr flüstern, nickte und sagte dann zu Angela: „Machen Sie weiter, Sie haben recht". Angela drückte unsere Hände und sagte: „Ihr werdet einen Jungen und ein Mädchen bekommen".

Ja, wieder flossen Tränen und wir konnten nicht sprechen. Wie unglaublich aufregend; alles, was wir uns je gewünscht hatten, wurde wahr: Schwanger beim ersten Versuch, Zwillinge UND ein Junge und ein Mädchen… einfach perfekt. Wieder fragten wir, ob wir Fotos mit unseren Handys machen konnten – wie Sie sehen können, hatten sich die beiden Erdnüsschen in kleine Menschen verwandelt!

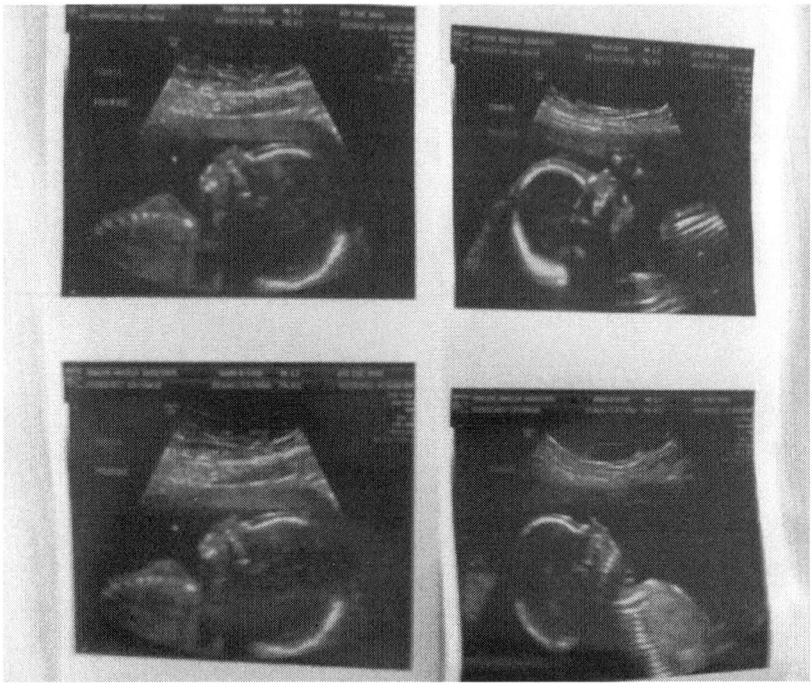

Fragen, die jetzt gestellt werden sollten

a) Können Sie die Kosten für die Scans der Schwangerschaftswochen 6, 10 und 20 rechtfertigen?
b) Fragen Sie sich nochmals, welche Art und Menge Sie an Kontakt mit der Leihmutter haben möchten und möchte die Leihmutter das auch so?
c) Möchten Sie das Geschlecht Ihres Babys erfahren?

13 DIE SÄUGLINGSSCHWESTER

In der 6. Schwangerschaftswoche sprachen Steven und ich mit ein paar unserer Freunde, die eine Säuglingsschwester hatten, welche ihnen durch die ersten paar Wochen nach der Geburt aushalf. Unsere Freundin, die das Kind zur Welt brachte, meinte anfangs hartnäckig, dass sie das alles allein bewältigen wollte, doch circa zwei Wochen später war sie mit ihrem Latein am Ende und sprach mit ihrer Mutter darüber, die sehr gelassen sagte: „Keine Sorge, in ein paar Stunden kommt jemand, der dir hilft". Ihre Mutter hatte Monate vorher, in der Gewissheit, dass ihre Tochter Hilfe brauchen würde, eine Säuglingsschwester organisiert. Also begannen wir in Arizona nach jemandem zu suchen, der den Anforderungen entsprach.

Wieder war ich im Internet, um Informationen über „Babynurses" (Wie sie in den USA genannt werden) zu finden und es war ehrlich gesagt schwer etwas darüber zu finden. Erst später fand ich den Grund heraus – offenbar haben viele Frauen in den USA den Drang alles allein zu machen und wenn sie sich dann jemanden zu Hilfe holen, werden sie als Versager angesehen. Ich frage mich, wie es möglich ist so darüber zu denken – wir wussten, dass wir Hilfe brauchen würden und zwar sehr viel!

Jedenfalls stieß ich auf Desiree Nesslines Onlineprofil und sah einen Wochenschau-Clip, in dem sie „der Babyflüsterer" genannt wurde, da sie ein unglaubliches Geschick mit Babys hat. Ich schrieb ihr eine E-Mail und wir vereinbarten ein Treffen als wir in Phoenix zum 10-Wochen-Scan waren. Natürlich forschte ich viel nach über sie via E-Mails und ich prüfte auch die Referenzen, die sie mir schickte und so hatten wir das Gefühl sie sehr gut zu kennen, bevor wir uns tatsächlich mit ihr trafen.

Also setzten wir uns nach Angelas Scan in unseren Leihwagen und fuhren zu einem mexikanischen Restaurant, wo wir Desiree trafen. Wir mochten uns sofort – Tatsächlich, wenn ich darüber nachdenke, war jeder, den wir auf unserem Weg trafen zu 100 Prozent richtig für uns und die Babys. Obwohl sie sich mit Salsa verschüttete, uns mit 100 Sachen die Stunde über ihr Leben erzählte, wie sie nach neugeborenen Babys schaut und ihren Job LIEBT und nicht genug davon bekommen kann, frischgebackenen Eltern zu zeigen, wie sie alles machen können, entschieden wir uns, sie zu engagieren. Und zum Glück war sie in der Zeit, für die wir sie wollten, verfügbar – sie sagte uns, dass sie von den Kunden normalerweise zu dem Zeitpunkt gebucht wird, in dem sie erfahren, dass sie schwanger sind; So gefragt ist sie.

Wir wollten jemanden, der 24 Stunden am Tag in sechs Tagen der Woche für insgesamt sechs Wochen mit uns zusammen ist, um uns effektiv auf den Alltag des Eltern-Daseins zu schulen und auch mit dem Schlaftraining der Babys zu beginnen. Unsere Logik hinter dieser Entscheidung war erstens, dass wir keine Ahnung davon hatten, was wir mit einem Baby zu tun hatten und zweitens wollten wir jemanden unparteiischen haben, der uns das beibrachte. Die andere Sache, die wir an Desiree liebten, war, dass sich alles darum drehte, dass die Babys eine Routine haben.

Wir verstehen jetzt völlig, warum sie so hartnäckig dafür war, dass die Babys routiniert werden – für uns und unser Leben ist das erstaunlich. Ehrlich gesagt, lieben es die Kinder zu wissen was wann passiert und bis heute schlafen sie nachts dank des Trainings durch!

Ich werde in Kapitel 22 näher auf diese Routine mit einem kurzen Zeitenentwurf im Anhang 3 eingehen.

14 GEBURTSHELFER – GYNÄKOLOGE

Meistens werden Leihmütter, die schon Kinder bekommen haben, einen Geburtshelfer oder Gynäkologen haben, den sie kennen und der sie durch die Schwangerschaft ihrer eigenen Kinder begleitet hat. Dies gilt auch für das Krankenhaus, in dem sie die Kinder entbinden. Das ist nichts, in das die Leihmutterschaftsagentur wirklich involviert ist, da diese der Meinung ist, dass die Leihmutter den Arzt, mit dem sie zusammenarbeiten möchte, kennen und vertrauen sollte und dass das eine Entscheidung ist, die völlig ihr überlassen wird. Das ist sehr wichtiges, da die Leihmutter sich gut fühlen muss mit dem Arzt, der sie begleitet und das gilt auch für das Krankenhaus, in dem die Geburt stattfinden wird.

Also nochmal ein paar Wochen zu dem Zeitpunkt zurück, in dem der Transfer stattfand. Wir hatten mit einer guten Freundin von Steven gesprochen, die in der Nähe der IVF-Klinik lebt und wir hatten vereinbart mit ihr zu Mittag zu essen. Zum Essen brachte sie einen Freund mit, der ein Geburtshelfer in Connecticut ist. Der Grund dieser Bekanntschaft war, weil er mit einer Frau auf die medizinische Schule ging, die eine Geburtshelferin in Phoenix war und er wollte uns mit Patricia bekannt machen. Tatsache ist, dass sie ihm seine Kinder geboren hat!

Wir schrieben einige E-Mails an Patricia und führten ein paar Telefonate mit ihr, doch aufgrund der Zeitdifferenz war es sehr schwierig überhaupt ein sinnvolles Gespräch zu führen. Deshalb dachten wir am Wochenende, in dem wir im „Boulder Resort“ in Phoenix waren, dass es gut für uns wäre, sie zu treffen.

Wir hatten mit Angela über den Geburtshelfer gesprochen, der ihr bei den Geburten ihrer beiden Kinder half, doch sie war nicht länger in Kontakt mit ihm. Nachdem wir also mit Angela ausführlich gesprochen hatten, entschieden wir gemeinsam, dass wir auf der Grundlage der persönlichen Empfehlung Patricia und ihr Team fragen wollten, Angela und die Babys während der Schwangerschaft zu begleiten.

Dadurch dachten wir, dass es ein großartiger und sehr informativer Weg für uns alle sein würde, uns zu treffen und die Details darüber durchzugehen wie Patricia mit Angela arbeiten würde und auch alle anderen Gedanken um die medizinische Seite der Dinge.

Beim Mittagessen erwähnte Patricia, dass wir als die Wunscheltern eigentlich nicht ihre Patienten wären, sondern Angela und darum würde sie eine unterschriebene Einverständniserklärung von ihr brauchen, damit sie über jegliche Informationen in Bezug auf Angela oder die Schwangerschaft sprechen durfte. Das war keine Frage, nur ein bisschen Bürokratie, die gemacht werden musste.

Patricia sagte auch, da wir Zwillinge erwarteten, dass am Tag ihrer Geburt nur einer von uns bei Angela sein durfte, da eine Menge medizinisches Personal im Raum sein würde und zwei anwesende Väter wären zu viel. Wir brauchten wirklich nicht lange darüber zu diskutieren. Wir entschieden, dass nicht nur wegen der Tatsache, dass ich kein Blut sehen kann, sondern vor allem, weil Steven die erste Person im Raum sein wollte, die die Kinder nach der Geburt sehen würden, wenn sie zum ersten Mal ihre Augen öffneten. Mehr dazu später in diesem Buch denn, wie Sie sehen werden, war das eine Entscheidung, die uns fast abgenommen worden wäre!

Also zurück zum Resort; Wir hatten ein absolut fantastisches Wochenende mit Angela und ihren Jungs. Wir sprachen viel mit ihr und Patricia über Phoenix und ihrer Meinung zu der Stadt und wo wir ein Apartment mieten sollten, wenn die Zwillinge auf der Welt waren. Das war eine große Sorge von mir, da ich Phoenix nicht kannte und darum so viele Ratschläge wie möglich brauchte.

Wir sprachen dann mit der Agentur, denn wenn man den Geburtshelfer oder den Gynäkologen und das Krankenhaus, in dem die Kinder geboren werden sollten, ausgesucht hat, die Agentur mit beiden in Kontakt treten sollte, um schlicht und ergreifend die Logistik zu durchlaufen. Nicht nur die Logistik, sondern auch die Grundlage zu schaffen, um sicherzustellen, dass es keine Fragen um eine Leihmutter mit zwei homosexuelle Vätern gibt, deren Kinder im Krankenhaus geboren werden.

In unserem Fall hatte Patricia gesagt, sollte irgendjemand der Mitarbeiter auf ihrer Station jegliche Probleme mit zwei werdenden Vätern haben, sie nicht ihre Mitarbeiter seien, soll heißen, sie würden dann entlassen werden! Immer ein gutes Zeichen dafür, dass sie in diesem Prozess auf unserer Seite war. Sie sagte, dass sie immer das, was ihre Patienten wollen über das stellt, was die Krankenschwestern von ihr verlangten. Als wir das hörten, dachten wir uns, dass wir die perfekte Person gefunden hatten, die unsere Babys auf die Welt holen würde!

Tatsächlich fanden wir heraus, dass unsere Leihmutterschaftsagentur eine Vielzahl an Telefongesprächen mit dem Krankenhaus führte, einschließlich Sozialarbeiter und Ärzten, um sicherzugehen, dass jedem die Situation klar war und alle wussten, dass es mehr als die übliche Mutter-Vater-Kind-Konstellation im Krankenhaus nach der Geburt sein würde.

Eine Sache, von der ich denke, dass sie für jede Geburt normal ist, ist die Frage, ob private Räume vor und nach der Geburt zur Verfügung stehen und auch ob ein Raum für die Wunscheltern vorhanden ist, in dem sie bleiben können, sobald die Kinder geboren wurden. Es könnte sein, dass sie kein Privatzimmer zur Verfügung haben, sodass Sie ein nahegelegenes Hotel finden müssen. Zum Glück hatte das Krankenhaus in unserem Fall ein Zimmer mit einem Extrabett und so blieben wir schließlich mit Angela im Zimmer.

Das einzige mögliche Problem, das Patricia hatte war, dass sie die letzte Woche im August und die ersten zwei Wochen im September im Urlaub sein würde, was sich möglicherweise mit der Geburt der Zwillinge überschneiden könnte, wenn diese früher kommen würden. Natürlich widmeten wir uns diesem kleinen Detail erst viel später im Prozess, als wir Sorge hatten, die Zwillinge könnten früher kommen, doch zum Glück schaffte sie es ihren Urlaub zu machen und gestärkt zurückzukommen und rechtzeitig in den Startlöchern zu stehen, um dem Gastauftritt unserer Kinder beizuwohnen.

Fragen, die jetzt gestellt werden sollten

a) Hat Ihre Leihmutter ihren eigenen Geburtshelfer oder Gynäkologen, zu dem sie gehen möchte?
b) Bevorzugt Ihre Leihmutter ein bestimmtes Krankenhaus, in dem sie die Kinder gebären will?
c) Hat das Krankenhaus schon mit Leihmutterschaften zu tun gehabt? Wenn nicht, besprechen Sie mit Ihrer Agentur, dass alle über das Leihmutterschaftsarrangement Bescheid wissen.
d) Hat das ausgesuchte Krankenhaus eine NICU (Neugeborenen Intensivstation) im Haus, falls irgendetwas bei der Geburt schiefgeht und die Kinder zusätzliche Hilfe brauchen?
e) Stellen Sie sicher, dass die Leihmutter beim Geburtshelfer oder Gynäkologen unterschreibt, damit Sie alle medizinischen Befunde einsehen können.
f) Wer möchte bei der Geburt dabei sein? Stellen Sie sicher, dass jeder, der an diesem Tag anwesend ist, damit einverstanden ist.
g) Hat das Krankenhaus Räumlichkeiten für die Wunscheltern, zum Beispiel ein Raum, in dem Sie bleiben können, wenn Sie nicht bei der Leihmutter sein wollen oder gibt es ein nahegelegenes Hotel?

15 DNA-ANALYSEN

Während am Anfang bis zur Schwangerschaftsmitte es nicht mehr zu tun gibt als sich Gedanken zu machen, wie die Schwangerschaft verläuft, sollten Sie sich Gedanken über DNA-Analysen machen und ob diese in Ihrer Situation wichtig sind oder nicht.

Angenommen es gibt wie in unserer Familie zwei Väter und eine Mutter, ist ein sehr wichtiger Teil für den Gerichtsprozess im Vereinigten Königreich, DNA-Ergebnisse jeden Kindes zu erhalten. Wenn es sich bloß um einen Vater und eine Mutter handelt, dann ist das keine große Sache, da die IVF-Klinik nachweisen kann, wer der Samenspender ist.

Aber für die Antragsstellung eines Reisepasses des Vereinigten Königreichs für die Kinder, ist es notwendig ihre Staatsbürgerschaft entweder als „Britische Staatsbürgerschaft durch Abstammung“ (zum Beispiel, ein Vater mit englischer Staatsbürgerschaft) oder „Britische Staatsangehörigkeit durch etwas anders als durch Abstammung“ (zum Beispiel, ein Vater ohne britische Staatsangehörigkeit). In unserem Beispiel haben wir beides, da ich Brite bin und Steven Amerikaner mit einem Visum, um auf unbegrenzte Zeit im Vereinigten Königreich zu bleiben. Dies garantiert jedoch seinen Nachkommen unglücklicherweise nicht das Recht auf einen britischen Pass – dies gewährt seinem Kind nur die Möglichkeit, im Vereinigten Königreich zu wohnen, solange er das tut. Versichern Sie sich, dass Sie zu diesem Zeitpunkt die Gesetzgebung für Einwanderung und wie sie auf Sie zutrifft prüfen– ich würde definitiv in dieser Sache Rücksprache mit einem Rechtsanwalt halten.

Am wichtigsten der DNA-Analysen-Anforderungen für die Reisepässe ist, dass wenn Sie dem Krankenhaus gesagt haben, dass es zwei Väter gibt, es dann die Ergebnisse brauchen wird, um erkennen zu können, wer der Vater von welchem Kind ist und den richtigen Vater in die jeweilige Geburtsurkunde schreiben zu können. Das ist so, weil es in den USA ein Verbrechen ist die Unwahrheit auf einem Rechtsdokument (was eine Geburtsurkunde ist) zu schreiben und in dem man Informationen angibt, die nicht korrekt sind, könnte die Person, die das tut möglicherweise ins Gefängnis kommen.

Wir verwendeten ein Unternehmen namens EasyDNA für die DNA-Analysen, da es ein in den USA und dem Vereinigten Königreich anerkanntes Unternehmen ist. Bevor die Kinder geboren wurden, zahlten wir einen Betrag im Vereinigten Königreich an das Unternehmen und uns wurden alle der angeforderten Schreiben an unsere britische Adresse zugeschickt. Dann beauftragten sie eine ansässige Krankenschwester, die ins Krankenhaus kommen sollte nachdem die Kinder geboren waren, um Abstriche von uns allen zu nehmen.

Diese Krankenschwester brachte auch ihr eigenes Equipment mit, das wir benutzten, um sichergehen zu können, dass die Sorgerechtskette intakt war. Das Ganze war wirklich sehr einfach, unkompliziert und schmerzlos. Die Krankenschwester nahm mit einem sehr langen Wattestäbchen eine Speichel-Probe von jedem von uns. Dann machte sie dasselbe mit jedem der Kinder. Sie packte jedes Wattestäbchen in einen Kunststoffbehälter und versiegelte sie in einem Umschlag, den sie unterschrieb. Wir füllten beide ein paar Formulare aus, zeigten ihr ein paar Ausweise und sie ging.

Dann nahm sie die Umschläge und die Formulare und verschickte die Proben. Wir baten um schnelle Ergebnisse, sodass wir die notariell beglaubigten Ergebnisse innerhalb von drei Tagen erhalten würden (zuerst per E-Mail und dann per Kurier an eine Adresse unserer Wahl).

Es sollte erwähnt werden, dass die Reihenfolge der Beweismittelfolge von höchster Wichtigkeit bei der DNA-Analyse ist und es darum besser ist, wenn möglich, vom Unternehmen gegen eine extra Gebühr einen unabhängigen Tester schicken zu lassen, der alles übernimmt, damit man weiß, dass alles ordentlich gemacht wurde.

Fragen, die jetzt gestellt werden sollten

a) Brauchen Sie eine DNA-Analyse?
b) Stellt das Krankenhaus Krankenschwestern für den DNA-Test oder möchten Sie ein externe Person, die das übernimmt?
c) Möchten Sie die Ergebnisse schnell vorliegen haben?
d) Können Sie garantieren, dass die Beweismittelkette nicht unterbrochen wird?

16 NABELSCHNURBLUT-BLUTBANKEN

Eines der anderen Dinge, über die wir lange bevor die Zwillinge geboren wurden, nachgedacht hatten, war die Möglichkeit ihre Stammzellen der Nabelschnur und der Plazenta einzulagern. Das wird Nabelschnurblut- und Gewebebanken genannt und wir entschieden uns aus dem einfachen Grund dafür, da Stammzellen die einzigen Zellen im Körper sind, die sich in Bausteine für jeglichen Teil des Körpers teilen und vervielfachen können.

Stammzellen sind produktiv in Nabelschnur und Plazenta, aber leider verschwinden sie im Laufe des Alters. Wenn wir sie aus irgendeinem Grund brauchen sollten, wissen wir, dass wir sie aus der Kryolagerung nehmen, wo sie eingelagert sind und nutzen können. Typischerweise werden sie für Krankheiten wie Leukämie verwendet und obwohl wir sie hoffentlich niemals brauchen werden, ist es für uns die Hauptsache, dass wir sie haben.

Es gibt einen einfachen Ablauf, der beachtet werden muss, um das machen zu können. Er ist sehr einfach und solange die Geburtshelfer und ihr Team das machen können, werden sie es machen. In unserem Fall mit den Zwillingen war es „gut-zu-haben". Jedoch, wäre ein Notfall während des Geburtsprozesses aufgetreten, wäre es für uns kein Problem gewesen zu entscheiden (zusammen mit dem Geburtshelfer), die Stammzellen nicht entnehmen zu lassen.

Wir informierten uns online über die verschiedenen Unternehmen, die diesen Service anbieten und wir fanden eines, das auch in Arizona etabliert ist. Der Grund dafür ist, dass Arizona tatsächlich recht ruhig in Bezug auf Naturkatastrophen ist – es gibt keine Erdbeben, Tornados oder irgendeine Katastrophe, die ein Gebäude, in welchem Millionen von Zellen gelagert werden, betreffen würde. Arizona hat viele Brände, doch zum Glück nicht in der Nähe der Einrichtung.

Das Unternehmen, das wir in Anspruch nahmen, nennt sich Cord Blood Registry (CBR) und ist in Tucson, Arizona ansässig. Die Mitarbeiter des Unternehmens sind unglaublich hilfsbereit und beschreiben ganz genau, was vom Geburtshelfer getan werden muss und auch was wir kurz vor der Geburt machen mussten.

Normalerweise muss man eine Gebühr im Voraus bezahlen, die die Abholung der Kits, Konservierung der Stammzellen und alles, was für das erste Aufbewahrungsjahr erledigt werden muss. Sobald sie die Zahlung erhalten haben, schicken sie das Paket, das im Kreissaal benötigt wird. Wir baten darum, dass die Kits direkt zum Krankenhaus geschickt wurden, da Patricia zugestimmt hatte, sich für uns darum zu kümmern.

Zu diesem Zeitpunkt werden Sie auch Online-Anmeldeformulare ausfüllen müssen und Sie müssen auch Ihrer Leihmutter sagen, dass sie die gleichen Formulare ausfüllen soll. Dies ist ein simpler Vorgang, bei dem jeder unterschreiben muss, damit Sie zukünftig immer Zugang zu den Stammzellen haben ohne jedes Mal die Leihmutter kontaktieren zu müssen, wenn Sie etwas mit CBR besprechen wollen.

Für Zwillinge beträgt die Gesamtsumme für ein Jahr, einschließlich aller Konservierungskosten und die Stammzellen-Anzahl-Prüfung, lediglich unter $3.000. Dann werden wir jährlich eine Lagerungsgebühr, die momentan bei $150 liegt, bezahlen. Wir entschieden, die Stammzellen so lange wie möglich einzulagern. Ich glaube es ist möglich, dass man sie der Wissenschaft spenden kann, wenn man irgendwann entscheidet, die Lagerungsgebühren nicht mehr zahlen zu wollen oder es ist natürlich möglich, sie einfach vernichten zu lassen.

Nachdem die Babys geboren waren, erfuhren wir, dass das Geburts-Team Blut von der Nabelschnur entnehmen konnte und es soweit war, von uns an CBR geschickt zu werden. Ich fühlte mich ein bisschen wie ein Vampir mit den gefüllten Blutbeuteln in meiner Hand, doch zum Glück hatten die Krankenschwestern alles entsprechend verpackt und so riefen wir die Nummer, die auf der Rückseite des Packs stand an und ein Kurier kam, um ihn abzuholen und dem Unternehmen zu überbringen.

Bitte denken Sie daran, dass dies innerhalb von 24 Stunden nach der Geburt geschehen muss, aber das ist sehr leicht zu erledigen, solange man daran denkt, den Kurier anzurufen! Sobald dieser das Pack zu CBR zurückgebracht hat, kommt das Unternehmen auf Sie zurück, um den Erhalt zu bestätigen und Sie wissen zu lassen, wie viele Zellen genau im Blut waren und eingefroren wurden.

Für Menschen, die wie ich von Biologie fasziniert sind: Wir gewannen 52 ml Nabelschnurblut für Alexander, was einer Gesamtanzahl von 439,79 Millionen Nabelschnurzellen entspricht. Für Liliana gewannen wir etwas weniger als 31 ml Nabelschnurblut, was einer Anzahl von 248,57 Millionen Nabelschnurblutzellen entspricht.

Fragen, die jetzt gestellt werden sollten

a) Möchten Sie das Blut oder die Zellfasern der Nabelschnur/Plazenta aufbewahren?
b) Wenn ja, sollten Sie sicherstellen, dass alle darüber aufgeklärt werden und die Packs bis zur Geburt bereit stehen.

17 MITTE DER SCHWANGERSCHAFT

Durch die Schwangerschaft hindurch hatte ich stets all die Dinge im Hinterkopf, über die sich jedes andere werdende Elternpaar auch Sorgen macht. Was, wenn irgendetwas bei der Befruchtung schief geht? Schaffen es die die Embryonen überhaupt bis zum Implantationsstadium? Würde Angela schwanger werden und auch bleiben? Was wäre, wenn es mit den Babys Probleme gäbe? Ich denke, das ist ein Teil der emotionalen Achterbahn ist, durch den jeder Elternteil während der Schwangerschaft durch muss – doch das macht es nicht leichter! Dazu kommt, dass wir anfängliche Sorgen hatten, dass Angela sich gegen die Leihmutterschaft entscheiden und aus dem Vertrag aussteigen könnte!

Eine Sache, über die Steven und ich ausführlich sprachen, war das Risiko des Down Syndroms bei unseren Kindern. Wir sprachen auch mit Patricia darüber, da wir Sorge hatten, dass unser Alter eine Rolle spielen könnte. Sie sagte, da die Eizellspenderin so jung war, die Wahrscheinlichkeit, dass unsere Kinder das Down Syndrom haben, sehr gering bis null wäre. Zum Glück waren unsere Sorgen unbegründet.

Außerdem konnten wir nichts dagegen tun, lag es doch nicht in unserer Macht, dass Angela schwanger blieb. Wir konnten nur hoffen, dass sie bei der Arbeit auf sich achtet, gesund isst und sie ihre Medizin nimmt, um ihren Blutdruck in einem normalen Rahmen zu halten. Wir hatten beschlossen, die Tatsache, dass wir schwanger waren, über die meiste Zeit für uns zu behalten, um mehrere Fragen zu vermeiden und wir sagte es in der 16. Schwangerschaftswoche nur unserem engsten Familienkreis.

Bis zu der 28-Wochen-Marke kauften wir nichts für die Kinder. Ich glaube fest, dass das so war, weil wir nicht wirklich glaubten, dass wir schwanger waren. Mit einer Leihmutter, die Tausende Meilen von uns entfernt ist, bleib der ganze Prozess sehr unwirklich. Dass Angela in den USA und wir im Vereinigten Königreich waren, führte auch dazu, dass wir nicht die Veränderungen von Angelas körperlichem Erscheinungsbild sahen während die Babys wuchsen.

Diese physikalische Entfernung war auch eine sehr große emotionale Distanz. Ehrlich gesagt, weiß ich nicht, wie andere Leute mit ihrer Leihmutter während der Schwangerschaft in Kontakt bleiben, aber wir machten mit Angela aus, dass wir ihr jeden zweiten Donnerstag eine E-Mail schreiben würden.

Die ersten paar Monate waren die E-Mails wahrhaftig sehr knapp gehalten, doch mit der Zeit erzählte uns Angela wie es ihr körperlich und mental ging. Sie schrieb auch darüber, was in ihrem Leben gerade passierte, da sie fühlte, dass das etwas war, das Auswirkungen auf die Kinder hatte und wie sie alles so angenehm wie möglich machte.

Das zu tun war unglaublich liebenswert von ihr, aber um ehrlich zu sein, war es mit der physikalischen Distanz sehr schwer, mit der Realität der Schwangerschaft verbunden zu bleiben.

Wie man dagegen ankämpft, ist ein sehr schwieriges Thema. Ich glaube, dass man dieses sehr persönliche Gespräch mit seiner Leihmutter führen muss, damit beide Parteien auf der gleichen Seite sind. Wir wollten Angela nicht unangenehm werden, doch gleichzeitig wollten wir auch wissen, was war, deshalb muss man ein Gleichgewicht finden, dass für beide Parteien gut ist.

Fragen, die jetzt gestellt werden sollten

a) Wann möchten Sie damit beginnen, anderen von der Schwangerschaft zu erzählen?

b) Möchten Sie, dass Ihre Leihmutter sich medizinischen Verfahren (Fruchtwasseruntersuchung) unterzieht?
c) Ist Ihr Kontakt zu Ihrer Leihmutter zu wenig, zu viel oder genau richtig? Bringen Sie in Erfahrung, ob die Leihmutter der gleichen Meinung ist.
d) Wann möchten Sie erste Babysachen kaufen, die Sie brauchen werden, wenn die Babys kommen?

18 GESUNDHEITSVOLLMACHT

Eine wichtige Sache, die man ab dem dritten Schwangerschaftstrimester braucht, ist eine Gesundheitsvollmacht. Diese MUSS von der Leihmutter unterschrieben worden sein, bevor sie für die Geburt ins Krankenhaus geht und am besten ist es, man macht sich eine Kopie davon. Im Grunde ist das eine Vollmacht, die Sie als Eltern dazu berechtigt, Zugriff auf das Kind zu haben, sobald es geboren worden ist.

Wir wussten nicht, dass das gemacht werden muss, doch als Angela ins Krankenhaus eingeliefert wurde, rief ich die Leihmutterschaftsagentur an, um sie darüber zu informieren. Die Person, mit der ich sprach, sagte: „Oh, dann müssen wir Ihnen die Gesundheitsvollmacht zuschicken“. Sie schickten mir eine Kopie via E-Mail, die Angela unterschrieb und ich gab diese der diensthabenden Krankenschwester.

Gott sei Dank war das kein Problem, aber alles, an das ich denken konnte, war was passieren hätte können, wenn es eine Notfallsituation gegeben hätte und wir nicht diese Vollmacht gehabt hätten. Ich glaube, wir wären dann in der Situation gewesen, nicht unsere Babys besuchen zu dürfen, da die Leihmutter uns nicht ihr Einverständnis gegeben hätte. Nicht ideal!

Meiner Meinung nach war das etwas, bei dem die Leihmutterschaftsagentur Monate im Voraus sichergehen sollte, dass man das unterschrieben hat. Überhaupt sollte sie eine Check-Liste führen, in der alles steht was wann gemacht werden muss und wenn etwas abgeschlossen ist, es von der Liste abhaken.

Fragen, die jetzt gestellt werden sollten

a) Haben Sie Ihre unterschriebene Gesundheitsvollmacht erhalten? Wenn ja, kopieren Sie sie und gehen Sie sicher, dass das Krankenhaus eine Kopie in den Akten hat..

19 SPÄTSCHWANGERSCHAFT

Im Gegensatz zu einem einzelnen Baby, welches 40 Wochen ausgetragen wird, wird bei Zwillingen die Geburt in der 37. Schwangerschaftswoche erwartet. Steven und ich entschieden, dass es klug wäre, wenn einer von uns ein bisschen früher in Arizona wäre, falls die Zwillinge sich dazu entschließen würden vor dem errechneten Geburtstermin am 1. Oktober (40. Schwangerschaftswoche) auf die Welt zu kommen.

Deshalb flog ich am 3. September in die USA, was sich knapp mit der 35. Schwangerschaftswoche überschnitt und bezog ein Zimmer im „W Hotel“ in Scottsdale, wo wir zum Glück statt eines normalen Zimmers eine Junior-Suite bekamen. Diese war superhübsch und wir bekamen sie nur, weil der Hauptgeschäftsführer hörte, was wir taten und uns deshalb ein besseres Zimmer für unseren Aufenthalt (von möglicherweise vier Wochen!) zur Verfügung stellte.

Unsere Freundin Barbara, die zu dieser Zeit in Texas lebte, beschloss zu kommen (nun ja, ich habe sie sozusagen erpresst), um mir Gesellschaft zu leisten während ich in Arizona war. Ich überredete sie, dass wir einige Zeit damit verbringen könnten Scottsdale, Phoenix und Städte darüber hinaus zu entdecken.

Da wir nicht wirklich viel für die Babys gekauft hatten, war das für mich eine Möglichkeit, mich hinzusetzen und herauszufinden was wir genau brauchen würden. Ich hatte mich etwas im Vereinigten Königreich erkundigt und eine Liste aus allen möglichen Sachen zusammengestellt: Babybettchen, Matratzen, Kinderwagen, usw. Das Schöne an den USA ist, dass sie einen Magasuperladen namens Babies“R“ Us haben, der absolut alles führt, das mit Babys zu tun hat.

Da waren also Barbara und ich am Morgen des Freitags, dem 7. September, während wir durch ein riesiges Babygeschäft liefen und ich muss zugeben, dass ich anfing, Panik zu bekommen, aufgrund der Menge an Sachen, die man für ein Baby braucht. Es ist verrückt, über Babynagelknipser und Handschuhe nachdenken zu müssen, falls ihre Nägel zu lang sind und sie sich selbst kratzen könnten. Oder wie viele unterschiedliche Arten von Puckhilfen es gibt. Zum Glück hatten wir zu diesem Zeitpunkt schon Desiree, unsere Säuglingsschwester, zur Seite und sie hatte ein enorm beruhigende Wirkung auf mich. Wir verbrachten circa drei Stunden in dem Geschäft und verließen es mit allem, was wir für unseren Aufenthalt in den USA brauchten.

Angela hatte einen Ultraschalltermin am Freitagnachmittag, also besuchten wir sie im Krankenhaus und verbrachten den Nachmittag damit, Ultraschallaufnahmen zu sehen und den Herzschlägen der Kleinen zu lauschen. Das Krankenhaus sagte uns, dass Angela am Dienstagmorgen nochmal kommen musste, um Patricia zu treffen, die bis dahin aus dem Urlaub zurück war und sie wollte Angela sehen.

Also verbrachten wir das Wochenende damit die Sonne und die Lage Arizonas zu genießen und dann, am Donnerstag, den 11. September, schlossen wir uns Angela und Patricia an, um einen erneuten Ultraschall zu machen. Wenig wussten wir, aber alles in unserem Leben war im Begriff sich zu ändern.

Angela hatte ihren Scan und Patricia kam zu uns in den Raum. Sie sagte, dass der Junge mit dem Kopf nach unten lag und dass das Mädchen immer noch in einer Steißlage war. Theoretisch war das erstmal keine große Sache, da es möglich war, dass wenn der Junge geboren war, das Mädchen die Position ändern und mit dem Kopf zuerst herauskommen könnte. Doch Patricia war besorgt, da Angelas Blutdruck gestiegen war und das zusammen mit der Beckenendlage des Mädchens bedeutete, dass sie Angela ins Krankenhaus einweisen und die Babys diesen Nachmittag holen wollte.

ENTSCHULDIGE MAL! Ich fiel fast vom Stuhl. Tatsächlich ging es uns allen so.

Patricia fuhr fort mit ihrem Dialog und sagte, dass ihrer Meinung nach die sicherste Art und Weise der Entbindung für Angela ein geplanter Kaiserschnitt war. Auf diesem Weg konnten sie sicherstellen, dass es dem Jungen gut ging (er wäre bei seiner Position auf natürlichem Weg zur Welt gekommen) und das Mädchen während den Wehen nicht gequält wurde.

Während der Schwangerschaft sagte uns Angela, dass sie wirklich gerne eine natürliche Geburt hätte, da das weniger ihren Körper belasten würde und die Genesung schneller verliefe. Da sie schon zwei Kinder natürlich entbunden hatte, dachte sie nicht, dass das ein Problem werden würde. Natürlich war das ihre Entscheidung und da es ihr Körper war, war sie diejenige, die alle Entscheidungen diesbezüglich treffen musste.

Ganz ehrlich, wir hätten es für sie wirklich bevorzugt, von vornherein einen Kaiserschnitt machen zu lassen. Nicht, weil wir „zu vornehm zum Schieben" sind, sondern weil es uns ermöglichen würde, im Voraus die ganze Logistik drumherum zu planen, wenn die Kinder geboren werden würden (zum Beispiel die Flüge, Unterkunft und Mietauto). Wenn man tausende von Meilen entfernt ist, ist die Fähigkeit Dinge planen zu können, eine massive Stressreduzierung.

Der andere Grund, warum wir einen Kaiserschnitt bei Angela wollten, war von medizinischer Natur: Bei einer geplanten Operation ist jeder, der eine Rolle dabei spielt, an Ort und Stelle. Die Teams (von denen zwei anwesend waren, da Zwillinge geboren werden sollten), die im Raum gebraucht werden, sind alle bereits vorbereitet, es gibt keine Schwierigkeiten in letzter Minute und jeder ist auf der gleichen Seite.

Mein Verständnis dafür ist, dass wenn eine natürliche Geburt sich zu einem Notkaiserschnitt entwickelt, eine wahnsinnige Panik aufkommt bis man sichergehen kann, dass alles in Ordnung ist und das könnte zu Komplikationen führen. Und unnötigem Stress!

Zurück zum Krankenhaus und ein Beweis für die erstaunliche Frau, die Angela ist, fragte sie Patricia was medizinisch für die Babys das Beste war. Patricia antwortete darauf, dass ihrer Meinung nach ein Kaiserschnitt das wäre und Angela sah mich an, lächelte und sagte: „Wenn das das Beste für die Babys ist, dann mache ich es".

Zu diesem Zeitpunkt kam in mir eine große Panik auf – Steven war immer noch im Vereinigten Königreich uns sie wollten, dass die Babys an diesem Tag geholt werden. Es gab absolut keine Möglichkeit für ihn, den Flug für den späten Nachmittag nach Phoenix zu bekommen, besonders weil es nur einen Direktflug pro Tag gibt und das wäre über British Airways; jedoch hatte dieses Flugzeug London schon verlassen.

Also fragte ich Patricia, ob es möglich wäre, den Kaiserschnitt bis zum nächsten Tag hinauszuzögern, wenn Steven hoffentlich pünktlich herfliegen konnte. Sie sagte, dass es möglich wäre, doch dass sie Angela trotzdem ins Krankenhaus einweisen musste und sie 24 Stunden überwacht werden würde, um sicherzugehen, dass ihr Blutdruck nicht gefährlich für sie oder die Babys werden würde.

Sie sagte mir auch, dass ich versuchen sollte Steven zu erreichen und er so schnell wie möglich in die USA fliegen sollte.

Also rief ich Steven an, um ihm die Neuigkeiten mitzuteilen, doch er ging nicht an sein Handy. Ich versuchte weiter ihn zu erreichen und nach zwei Stunden gelang es mir endlich – er war in einem Meeting uns sein Handy war auf lautlos gestellt!!! Sobald ich ihn erreichte, sagte er: „Bei den 74 verpassten Anrufen, bin ich davon ausgegangen, dass wir die Babys schon haben!" Ich habe es sofort verstanden.

Steven hatte seinen Flug für den kommenden Samstag gebucht, doch jetzt mussten wir ihn schon vier Tage früher herfliegen. Wir hatten uns auf diese Eventualität vorbereitet und ein flexibles Ticket von British Airways gebucht, da das die einzige Fluggesellschaft war, die zu diesem Zeitpunkt einen Direktflug von London nach Phoenix hatte. Aber der einzige Tag, an dem kein Flug geht, ist an einem Mittwoch, was der nächste Tag war!

Also mussten wir herausfinden, wie wir ihn nach Phoenix bekamen. Die Fluggesellschaft British Airways half uns sehr darin, herauszufinden, welcher erste Flug von Heathrow aus er nach Dallas nehmen konnte. Dann konnte er um neun Uhr morgens mit American Airlines von Dallas nach Phoenix fliegen… Tatsächlich verschaffte uns das flexible Ticket, das wir gekauft hatten, nicht die Flexibilität, die wir brauchten. Wir mussten die Differenz des Flugpreises bezahlen und das einzige verfügbare Ticket war (welch eine Überraschung) Erste Klasse…. Oh, und das waren dann weitere £7.000, die wir tatsächlich schon für das Ticket bezahlt hatten!

Sie können sich bestimmt genau vorstellen, was wir dachten und zu diesem Zeitpunkt sagten, doch was hätten wir tun sollen? Entweder Steven wäre bei der Geburt nicht dabei gewesen oder er bezahlte und war anwesend. Dank einer Kreditkarte konnten wir widerwillig den Betrag zahlen und buchten diesen Flug für ihn.

Fragen, die jetzt gestellt werden sollten

a) Haben Sie sich schon Gedanken über die Logistik für die Reise zur Zeit der Geburt in den USA gemacht?
b) Haben Sie all die Dinge, die Sie brauchen, wenn das Baby kommt?
c) Wo werden Sie bis und während der Geburt bleiben; brauchen Sie ein Mietauto?
d) Sollten Sie eine Säuglingsschwester haben, können Sie sie erreichen, sollte das Baby früher zur Welt kommen?

20 DIE GEBURT

Da waren wir also in einem Krankenhauszimmer ganz für uns: Angela, Barbara und ich - alle in einer Art Schockzustand vor der Tatsache, dass die Babys am nächsten Tag kommen würden. Ich kann Dinge wie Blutabnahme gut verkraften und bin wirklich nicht zimperlich, doch die Krankenschwester kam herein und führte eine Kochsalzlösung in die Oberseite von Angelas rechter Hand ein, schaute mich einmal an wie blass ich wurde und fragte, ob ich an die frische Luft gehen wollte! Ja, bitte… und ich ging.

Ganz ehrlich: Ich war in einem Schockzustand – ich wusste die ganze Zeit, dass dieser Moment kommen würde, aber jetzt sickerte es durch, dass wir am nächsten Tag Eltern sein würden! Ich fragte mich, ob alle werdenden Eltern das so stark zu diesem Zeitpunkt empfinden. Ich würde sagen ja. Plötzlich wird es Wirklichkeit ein Kind in die Welt zu setzen, die Tatsache, dass es wohl die nächsten 20 Jahre völlig von einem abhängig sein wird, ist enorm. Die nächste Generation war auf dem Weg!

Ich ging zurück ins Krankenzimmer und die Krankenschwester hatte Angela an einen Überwachungsmonitor angeschlossen, was im Grunde so aussah, dass sie einen blauen und einen rosafarbenen Gurt um ihren Bauch hatte, einer mit einem Monitor für den Jungen und einen für das Mädchen. Beide waren eingeschaltet und wir konnten die Schläge der kleinen Herzen von beiden Babys hören. Der Ton des Monitors wurde immer nur zeitweise für ein paar Minuten eingeschaltet, doch jedes Mal, wenn er an war, sank Angelas Blutdruck auf ein normales Niveau. Darum baten wir die Krankenschwestern die Maschinen eingeschaltet zu lassen, sodass die Geräusche Angelas Blutdruck zugutekamen.

Angela begann einzunicken und wieder aufzuwachen und Barbara und ich schauten uns immer wieder mit einem geschockten Blick in unseren Gesichtern an. Gott sei Dank war Barbara hier, um mir Gesellschaft zu leisten, da ich andernfalls wirklich nicht gewusst hätte, was ich tun soll.

Wir aßen in einem ansässigen italienischen Restaurant ein großartiges Gericht und dann schickte Angela Barbara und mich nach Hause um – wie sie sagte – „ihre letzte Nacht ein bisschen zu schlafen". Wenn ich nur hätte schlafen können – wir waren dabei eine Familie zu werden, aus zwei Menschen würden vier werden und ja- ich war unglaublich emotional, gestresst und angsterfüllt über das, was am nächsten Tag geschehen würde.

Endlich schlief ich ein, aber dann rief mich Steven an, um mir zu sagen, dass er ins Flugzeug nach Dallas gestiegen war und überhaupt nicht geschlafen hatte – er und mein bester Freund waren die ganze Nacht auf gewesen und hatten über die Babys gesprochen und wie sich unser Leben ändern würde und sie hatten dabei ein paar Weinflaschen geleert. Angeblich sollte ihm das helfen, im Flugzeug schlafen zu können, doch ich weiß, dass er einfach genauso nervös war wie ich.

Also stieg er ins Flugzeug und ich ging wieder schlafen und als er in Dallas landete, war es trotzdem erst neun Uhr morgens in Arizona. Er musste dann am Flughafen in Dallas aus seinen Anschlussflug warten, welcher um 15:20 Uhr auf dem Flughafen in Phoenix landen sollte.

Barbara und ich gingen am folgenden Morgen zuerst ins „Dunkin Donuts" und dann ins Krankenhaus. Jemand sagte mir einmal, dass die Krankenschwestern auf der Entbindungsstation stets übersehen werden –wenn erstmal das Baby kommt, ist alles und jeder Drumherum vergessen. Also kaufte ich 24 Donuts (und einen riesigen Kaffee für mich) und wir machten uns auf den Weg zur Mutterschafts- und Entbindungsstation.

Wie Sie sich sicher vorstellen können, liebten die Krankenschwestern, die eine Nachtschicht hinter sich hatten, die 22 Donuts (natürlich wanderte einer in meinen und ein weiterer in Barbaras Mund) und die Schwestern, die für die Tagesschicht kamen, konnten ihr Glück kaum fassen – sie bekamen Zuckerreiches noch bevor sie ihren Tag überhaupt begonnen hatten – rundum ein großer Erfolg. Eigennütziger Weise wollte ich auch, dass sie sich an uns erinnern, falls wir irgendetwas gebraucht hätten.

Patricia kam später am Morgen, da sie ein paar Kindern auf die Welt helfen musste und überprüfte mit mir, ob Steven definitiv auf dem Weg war. Das Wundervolle an American Airlines (die tatsächlich die Fluggesellschaft war, mit der Steven letztendlich aufgrund der Code-Sharing-Vereinbarung geflogen war) ist, dass man den Flug online nachverfolgen kann, also konnten wir genau sehen, wo er sich wann befand.

Tatsächlich wurde das ein bisschen zum Running-Gag mit den Krankenschwestern, die immer wieder zu unterschiedlichen Tageszeiten fragten, welchen Bundesstaat er gerade überflog (ich bin Engländer – ich weiß es nicht!!!). Um 15:38 Uhr landete er endlich in Phoenix, nahm ein Taxi zum Krankenhaus, das 10 Minuten entfernt war und lief um 16:00 Uhr in unser Zimmer auf der Entbindungsstation. Sie können sich den Seufzer der Erleichterung vorstellen (und zugegeben – es flossen auch ein paar Tränen meinerseits), dass er nun endlich da war.

Eine der Krankenschwestern kam herein und fragte Angela, ob sie vor der Operation nochmal duschen wollte, da sie danach für ein paar Tage im Bett sein würde. Sie nutzte die Gelegenheit und wir gingen einen Kaffee trinken. Wir hatten dann ein wenig Zeit mit Barbara und Angela zusammen, die dazu kamen, bevor Patricia hereinkam und sagte: „Zeit für die Show, Jungen und Mädchen!"

Wie ich bereits erwähnte, hatte Steven sich sofort dazu bereiterklärt mit Angela im Operationssaal zu sein, wenn die Babys zur Welt kommen, da er die erste Person sein wollte, die sie als sehen würden, wenn sie ihre Augen das erste Mal öffneten. Bei meiner Fähigkeit, beim Anblick von Blut grün anzulaufen und der Tatsache, dass er es noch rechtzeitig in die USA geschafft hatte, wurde Steven gebeten, sich einen weißen Krankenhauskittel über seine Kleidung zu ziehen und Angela wurde in einen Rollstuhl gesetzt. Um 16:20 Uhr gingen wir alle mit ihr aus unserem Zimmer durch die Tür zum Operationssaal.

Natürlich – hätte er es nicht rechtzeitig geschafft, wäre ich selbstverständlich mit Angela im Raum gewesen, doch da er jetzt da war, konnten Barbara und ich zurück in unser Krankenzimmer gehen und uns hinsetzen, um die Ankunft der Kinder abzuwarten. PUHH! Um alles, worüber ich mir jetzt Sorgen machen konnte war, ob alles in Ordnung sein würde und ob Steven daran denken würde, Fotos mit der Kamera zu machen, die ich ihm gegeben hatte.

Am Mittwoch, den 12. September wurden unsere Kinder in der 37. Schwangerschaftswoche geboren. Alexander kam um 17:28 Uhr mit 2722 kg und dunklem Schopf zur Welt und Liliana kam um 17:30 Uhr mit einem Gewicht von 2268 kg und einem sehr leichten blonden Flaum. Sie waren beide um die 50cm groß, was bedeutete, dass Angela einen Meter Baby ausgetragen hatte – etwas, das ich bis heute unglaublich finde!

Endlich kam eine Krankenschwester ins Zimmer, in dem wir nervös warteten und bat Barbara und mich ihr zu folgen. Wir liefen zur Neugeborenen Intensivstation, wo Zwillinge immer die erste Nacht verbringen und uns wurden unsere Babys gezeigt. Wieder Tränen, Umarmungen und viel Händchenhalten mit der neuen Bereicherung unserer Familie.

Schließlich wurde Angela in ihr Zimmer zurückgeschoben und wir gingen zu ihr. Wir entschieden, dass, weil sie so viel für uns getan hatte und uns so ein unglaubliches Geschenk gemacht hatte, es das Mindeste war, dass wir mit ihr im Zimmer blieben. Also verbrachten wir abwechselnd die nächsten drei Nächte bei ihr auf dem Klappbett.

Ein Kaiserschnitt ist eine ernstzunehmende Operation und deshalb kamen über die Nacht immer wieder Krankenschwestern zu Angela, die schauten, ob es ihr gut ging und auch, um ihren Blutdruck zu überwachen, usw. Am Morgen kam Patricia herein und sagte, dass Angela in Wahrheit eine medizinisch sehr schlimme Nacht hinter sich hatte und das der Grund dafür war, warum sie so oft hereinkamen. Zum Glück erholte sie sich am nächsten Tag sehr gut.

In den nächsten paar Tagen, in denen wir im Krankenhaus waren, kam eine ganze Schar an Mitarbeitern, die die Babys sehen wollten. Jeder war so unglaublich hilfsbereit, dass wir uns wirklich als Teil der Familie gefühlt haben. Ich denke, das war aus zweierlei Gründen so: 1) Ich bin mir nicht sicher, ob sie vorher jemals zwei homosexuelle Väter aus dem Vereinigten Königreich in ihrem Krankenhaus gehabt hatten und 2) da wir immer in bester Stimmung waren, waren wir stets sehr nett zu jedem. Es ist erstaunlich wie ein Lächeln und ein Dankeschön jemanden von beschäftigt und mürrisch sein zu glücklich und hilfsbereit ändern kann.

Eine der Krankenschwestern im Krankenhaus namens Sarah hatte es uns angetan, weil sie einfach wundervoll war. Sie hatte Brustkrebs besiegt und war selbst auch Mutter von fünf Kindern und daher gab es nichts, das sie schrittweise tat und nichts, das ihr zu viele Umstände bereitete. Da sie eine befristete Hilfsarbeiterin war, fragten wir sie, ob sie die folgende Woche frei hatte, um für uns zu arbeiten und nach Angela während der Genesung von der Operation zu Hause zu sehen.

Zum Glück hatte Sarah tatsächlich frei und willigte ein, täglich zu Angela nach Hause zu fahren, um sicherzugehen, dass sie sich wie erwartet von der Operation erholte.

Angela ist der Typ Frau, der denkt, dass sie niemals irgendwelche Hilfe braucht und dass ihre Aufgabe im Leben ist, anderen zu helfen. Wir wollten, dass sie einmal in ihrem Leben jemanden hatte, der zu ihr kam und nach ihr schaute oder auch, um die Aufgaben zu übernehmen besonders, weil sie erst eine ernste Operation gehabt hatte und wirklich Hilfe brauchte.

Nach einem Kaiserschnitt sollte eine Frau nicht heben, sich nicht wirklich überanstrengen und idealerweise Bettruhe halten. Als eine Mutter von zwei Jungen wussten wir, dass Angela all die Dinge tun würde, die sie nicht tun sollte und darum war es eine große Hilfe Sarah zu haben. Manche haben gesagt, dass das zu viel gewesen wäre, was wir für sie getan haben, aber tatsächlich hatten wir das Gefühl, dass das das Mindeste war, das wir für sie machen konnten, bei dem Geschenk, das Angela uns gemacht hatte.

Während dieser ganzen Zeit waren wir natürlich damit beschäftigt, nach den Kindern zu sehen – wir ließen sie im selben Zimmer wie

Angela, damit sie ein wenig Zeit mit ihnen verbringen konnte. Wir hatten das Gefühl, dass ihr das bei der Heilung des Kaiserschnitts half. In der gleichen Zeit, in der wir nach den Kleinen schauten, mussten wir auch damit beginnen, die Masse an Bürokratie um die Geburtsurkunden zu erledigen.

Fragen, die jetzt gestellt werden sollten

a) Haben Sie an etwas für die Mitarbeiter gedacht, die sich um die Leihmutter kümmern, bevor das Baby kommt? Donuts sind die klassische Wahl

b) Möchten Sie von der Geburt Fotos oder ein Video?

c) Wenn Ihre Leihmutter einen Kaiserschnitt bekommt, hat sie zu Hause ein unterstützendes Netzwerk, das ihr mit all den Dingen hilft, die sie nicht selbst erledigen können wird?

21 AMERIKANISCHE GEBURTSBESCHLÜSSE UND GEBURTSURKUNDEN

Eine Sache, die nicht wirklich ausführlich erklärt wurde zu dem Zeitpunkt als wir die Leihmutter aussuchten, war die Wichtigkeit der Geburtsbeschlüsse vor und nach der Geburt. Oder es wurde erklärt, aber wie Sie sicher bis hierher feststellen konnten, muss man so viele Entscheidungen treffen, dass man den Faden leicht verlieren kann!

In aller Kürze: Ein Vor-Geburt-Beschluss ist ein Gerichtsbeschluss, der dem Registrator (die Person, die die Geburt der Babys rechtlich registriert) anweist, die beiden Väter in die Geburtsurkunde einzutragen, das heißt, die Mutter verzichtet auf das Recht, ihren Namen auf diese schreiben zu lassen, bevor die Babys geboren sind.

Ein Nach-Geburt-Beschluss ist dasselbe, wird aber nach der Geburt ausgestellt. Es gibt ein paar Bundesstaaten in den USA, die die Ausstellung von Vor-Geburt-Beschlüssen nicht erlauben, in anderen Bundesstaaten muss man ansässig sein, um einen Vor-Geburt-Beschluss zu erhalten und dann in anderen Staaten ist es jedem erlaubt, einen solchen Antrag zu stellen.

Im Falle eines Nach-Geburt-Beschlusses, wird eine Geburtsurkunde mit der leiblichen Mutter ausgestellt und dann, irgendwann nach der Geburt des Kindes, geht ein Rechtsanwalt vor Gericht und erledigt den Papierkram, der nötig ist, um die Väter auf die Geburtsurkunden schreiben und die leibliche Mutter herauszustreichen zu lassen.

Ich sollte anmerken, dass im Falle eines einzelnen Vaters es möglich ist zum Zeitpunkt der Geburt in die Geburtsurkunde eingetragen zu werden. Sobald der Antrag vom Gericht gewährt ist, kann die leibliche Mutter von der Geburtsurkunde gestrichen werden.

Uns wurde nicht gesagt, dass Arizona einer der Bundesstaaten ist, in dem ein Vor-Geburt-Beschluss nicht herausgegeben werden kann, es sei denn man ist dort ansässig... Also ist die Frage an seine Leihmutterschaftsagentur es wert, ob Vor-Geburt-Beschlüsse im Bundesstaat ausgestellt werden können, bevor man den Vertrag mit der Leihmutter unterschreibt. Jedoch gibt es einen Nachteil daran, einen genehmigten Vor-Geburt-Beschluss zu haben.

Ich habe es bereits erwähnt, aber (um nochmals zu sagen, dass das ein wichtiger Punkt ist), wenn man einen genehmigten Vor-Geburt-Beschluss erhalten hat und die Väter in der Geburtsurkunde stehen, dann haben die Babys keinen Versicherungsschutz über die leibliche Mutter. Sie sind dann von den Vätern abhängig und die Leihmutter hat dann in den Augen der Gesundheitswelt nichts mehr mit den Kindern zu tun.

Um die Beschlüsse (Vor- und Nach-Geburt-Beschluss) zu erhalten, muss man zu einem Rechtsanwalt in dem bestimmten Bundesstaat gehen, in dem die Leihmutter wohnt und in dem die Babys geboren werden. Dieser Anwalt wird dann alle erforderlichen Formulare ausfüllen, die die Leihmutter und Sie anschließend unterschreiben müssen und dann werden diese im Gericht eingereicht.

Es ist möglicherweise das Beste, den ganzen Papierkram beim Anwalt zu erledigen, denn alle Unterschriften müssen notariell beglaubigt werden und der Anwalt kann dann dem Gericht die Dokumente vorlegen. Wir haben das nicht getan und fanden dann als wir die Dokumente bei einer Bank (die das machen kann) notariell beglaubigen lassen wollten heraus, dass nicht jede Bank einen Reisepass des Vereinigten Königreichs als Mittel zur Identifizierung anerkennt – ich weiß nicht genau warum, aber diese Bank tat es nicht.

Bei uns lief es so ab, dass der Registrator Angela in die Geburtsurkunde schrieb, aber da wir die DNA-Datensätze noch nicht hatten, konnten wir keinen Vater darauf schreiben lassen. Wenn

Sie die Möglichkeit haben, die DNA-Tests beschleunigt behandeln zu lassen und Sie die Ergebnisse dabei haben, sollte der Registrator in der Lage sein den korrekten Vater in die Geburtsurkunde zu schreiben und dann, zusammen mit der Leihmutter (die zwar nicht die genetische, jedoch die leibliche Mutter ist, in der Geburtsurkunde steht). Wenn jedoch die DNA-Ergebnisse wie in unserem Fall auf sich warten lassen, heißt es warten.

Sobald wir die notariell beglaubigten DNA-Ergebnisse schriftlich hatten, gingen wir zum Vital-Records-Büro und füllten die Papiere aus, um die jeweiligen Väter in die Geburtsurkunden hinzufügen zu lassen. Wenn Mutter und Vater auf der Geburtsurkunde stehen sollen (vor der Geburt eines einzelnen Babys), würde ich empfehlen um vier oder fünf Kopien zu bitten, da man nie weiß wie viele Geburtsurkunden man braucht und später könnte es auf ganzer Linie schwierig werden an Kopien zu kommen.

Wenn es, wie bei uns, zwei Väter und eine Mutter gibt und man den Papierkram nach der Geburt erledigt, ist es ratsam den Anwalt bitten, sich mit Vital Records in Verbindung zu setzen, bevor man die Geburtsurkunden abholt. So ist ihnen die Situation bekannt und es kommt nicht zu einer großen Überraschung darüber, dass es zwei Väter gibt.

In unserem Fall, da wir nicht wussten, dass dies eine gute Idee war, verbrachten wir den ganzen Tag im Vital-Records-Büro damit auf den Beamten zu warten, damit dieser mit den Vorgesetzten sprach, die im Gegenzug mit dem Generalstaatsanwalt sprechen mussten, um eine Geburtsurkunde zu genehmigen zu können, auf der die Leihmutter und ein Vater stand und eine mit dem anderen Vater. Wirklich nervig und absolut vermeidbar!

Sofort als die Geburtsurkunden mit der Leihmutter und den jeweiligen Vätern darauf ausgestellt wurden, gingen wir noch mal zu dem Anwalt und beauftragten ihn bei den Gerichten die Streichung der Leihmutter aus den Geburtsurkunden zu beantragen – ein

Vorgang, der ein paar Wochen beansprucht. Im Grunde gibt die Leihmutter den rechtlichen Verzicht auf ihre elterliche Verantwortungsrechte vor dem US Gericht ab, was bedeutet, dass sie aus den Geburtsurkunden entfernt werden kann. Bei uns dauerte das ungefähr drei Wochen bis alles fertig war.

Auch können Sie zum Zeitpunkt der Geburt eine Sozialversicherungsnummer für Ihr Baby beantragen. Die Registratorin des Krankenhauses hat das für uns bei der Registrierung der Geburt der Zwillinge erledigt. Sie fragte, an welche Adresse die Sozialversicherungsnummer geschickt werden soll und wir gaben die Adresse meiner Schwiegermutter an. Es kann bis zu 12 Wochen dauern bis man die Sozialversicherungsnummer erhält, wenn Sie also keine dauerhafte Adresse in den USA haben, könnten Sie vielleicht die Leihmutter fragen, ob sie bereit ist, die Dokumente an Sie weiterzureichen.

Warum ist es wichtig, eine Sozialversicherungsnummer zu haben? Im Grunde wird Ihr Kind sie brauchen, wenn es einmal in den USA arbeiten möchte. Sie wird auch gebraucht, um Leistungen zu erhalten. Außerdem brauchen die meisten amerikanischen Institutionen sie als eine sekundäre Form der Identifikation, zum Beispiel Banken. Wenn Sie also Ihrem Kind die Option bieten wollen, in den USA zu leben, ist dies eine Sache weniger, um die man sich dann in der Zukunft kümmern muss.

Fragen, die jetzt gestellt werden sollten

a) Gewährt der Bundesstaat, in der Ihre Leihmutter wohnt Beschlüsse vor oder nach der Geburt der Kinder?
b) Muss Ihr Anwalt Vital Records kontaktieren, um darüber zu berichten, dass Sie kommen und die Kinder das Ergebnis einer Leihmutterschaft sind?
c) Möchten Sie eine Sozialversicherungsnummer für Ihr Kind?
d) Wohin schicken Sie den Sozialversicherungsausweis?

22 BABY-ROUTINE

Also schnell bis zum Wochenende nachdem die Babys geboren wurden und wir endlich das Krankenhaus verlassen haben. Desiree begrüßte uns am Hotel, in dem wir übernachteten und wo wir in den nächsten paar Wochen eine Familie wurden. Sie stellte sicher, dass alle neuen Kleider, die wir für die Babys gekauft hatten, gewaschen, gebügelt und Tragbereit waren und dann machte sie sich an die Arbeit als Säuglingsschwester.

Zum Glück wurde uns ein Haus von einem alten Freund von Steven in einer Stadt namens Sedona nördlich von Phoenix angeboten, in dem wir bleiben konnten. Es ist wirklich idyllisch und das Haus ist absolut atemberaubend. Uns wurde der perfekte Ort geboten, um entspannt eine Familie zu werden!

Desiree's Routine konzentrierte sich darauf, den Babys einen 3-Stunden-Rhythmus anzugewöhnen. Das bedeutet im Grunde, dass sie alle drei Stunden gefüttert und gesäubert wurden und wir mit ihnen spielten bis sie wieder einschliefen. Als sie älter wurden, verlängerte sich natürlich der Zeitabstand, in dem sie geweckt wurden, doch in den ersten Tagen waren die Versuche die Babys zum Füttern zu wecken so witzig. Wir griffen sogar darauf zurück ihre Füße ins Schwimmbecken zu tauchen, um sie aufzuwecken (und selbst das funktionierte manchmal nicht).

Als die Wochen fortschritten, setzte Desiree die Nachtfütterung ab, sodass die Kinder keine Mahlzeit mehr um vier Uhr morgens brauchten, dann nicht mehr um ein Uhr und schließlich fiel die 22 Uhr Mahlzeit aus. Zu diesem Zeitpunkt waren die Kinder 10 Wochen alt und aßen nun alles, was sie über den Tag brauchten und schliefen wirklich von 19 Uhr bis sieben Uhr durch. Ich habe im Anhang 3 die Routine angehängt, die wir hatten bis die Babys circa 6 Monate alt waren.

Bis wir den Kindern keine Nachtmahlzeit mehr gaben, haben wir natürlich den 3-Stunden-Rhythmus beibehalten, nur eben ohne Spielzeit um ein und vier Uhr morgens. Mitten in der Nacht fütterten wir sie und ließen die Babys dann wieder einschlafen. Naja, wenn ich sage „wir", dann meine ich eigentlich Desiree, die alle schweren Nachtschichten übernahm. In den ersten paar Wochen im Leben der Babys schliefen sie im gleichen Zimmer wie Desiree und sie übernahm die Nachtfütterung. Darum ist es wahr zu sagen, dass die einzige Zeit, in der ich mitten in der Nacht aufstehen musste, im Krankenhaus direkt nach der Geburt war. Absolute Wonne und jeden Penny wert, den wir investiert hatten.

Aus familiären Gründen fragten wir Desiree, ob sie ein paar Wochen länger bleiben konnte, um uns bis zu dem Zeitpunkt zu helfen, in dem die Babys 10 Wochen alt waren. Also flog sie in der Tat mit uns zurück nach England und stellte die Babys auf ihre neue Zeitzone ein. Obgleich mich das zur nächsten Hauptsache führt – die Einwanderung!

23 EINWANDERUNG IM VEREINIGTEN KÖNIGREICH

Einer der wichtigsten bürokratischen Teile des Prozesses, den wir zu Beginn unseres Leihmutterschaftsweges nicht wirklich verstanden hatten, ist der Part rund um den Papierkram, der es uns ermöglichen sollte, unsere Kinder ins Vereinigte Königreich mitzunehmen.

Unter der Annahme, dass Sie die amerikanische Staatsbürgerschaft für Ihre Kinder möchten, ist die erste Sache, die Sie machen müssen, amerikanische Pässe für Ihre Babys zu besorgen. Sobald die Babys geboren wurden und Sie die Geburtsurkunden in der Hand halten, können Sie den Bewerbungsprozess beginnen.

Es gibt viele Wege, um sich für einen amerikanischen Pass zu bewerben und eine Liste aller Informationen, die Sie verschaffen müssen, können Sie auf der Website des „Bureau of Consular Affairs“ (Büro für konsularische Angelegenheiten) finden, welche zurzeit www.travel.state.gov/passport ist. Man kann auch in manchen Postämtern einen Antrag stellen oder Sie nutzen einen beschleunigten Service.

In unserem Fall entschieden wir uns für einen beschleunigten Service, der Dienstleistungen von einem Tag t bis einem Monat Bearbeitungszeit anbot. Die Kosten für diesen Service reicht von circa $300 für die ein bis drei Tagesbearbeitung bis $100 für die Abwicklung innerhalb von zwei Wochen.

Wir füllten alle Formulare online aus und gingen zu einem Besteller (welcher in der Tat auch ein Postamt sein kann, wie ich oben bereits erwähnte), um zu prüfen, ob alle Beurkundungen, die wir zusammengetragen hatten, gültig waren. Sie müssen auch persönlich mit den Kindern erscheinen und alle Dokumente vor dem Besteller unterschreiben, andernfalls wird er den Antrag nicht weiterreichen.

Sobald Sie die amerikanischen Pässe Ihrer Kinder haben, müssen Sie entscheiden, wie Sie zurück ins Vereinigte Königreich gelangen möchten. Unter der Annahme, dass Sie ein Staatsbürger des Vereinigten Königreichs sind, hat Ihr Kind ein recht auf einen Pass des Vereinigten Königreiches (natürlich gibt es Gesetze darum, wer berechtigt ist und wer nicht), was dann folgende Optionen bietet, zurückzukommen:

1. Mit einem amerikanischen Touristenvisum mit einem amerikanischen Pass
2. Mit einem Einreisevisum mit einem amerikanischen Pass
3. Mit einem Pass des Vereinigten Königreichs

Die Option, die Sie nutzen, wird bestimmt von einer Anzahl an Faktoren, die für Ihre Situation relevant sind, abhängen. Ich würde annehmen, dass die Leute überwiegend Option 1 wählen, da die beanspruchte Zeit für Option 2 oder 3 möglicherweise um Wochen länger dauert und man in der Zeit in den USA bleiben muss. Laut der Website der Grenzschutzagentur des Vereinigten Königreichs, wurden im Jahr 2013 95 Prozent der Bewerbungen innerhalb von 12 Wochen abgewickelt und 100 Prozent von Fällen innerhalb von 24 Wochen ab Bewerbungsantrag[2].

Jedoch laufen Sie bei Option 1 Risiko an der Grenzkontrolle des Vereinigten Königreichs weggeschickt zu werden, da man die Touristen-Visen-Bestimmung missachtet – man betritt das Vereinigte Königreich mit einem Kind, das vorhat sein 6-Monats-Touristen-Visum zu überschreiten; dies ist also der riskanteste Weg ins Vereinigte Königreich und keiner, den ich empfehlen würde.

Mit den Optionen 2 und 3 muss man sich mit einer Menge Bürokratie herumschlagen und man möchte ja auch nichts falsch machen. Ich würde hierbei dringend vorschlagen, dass Sie sich mit einem Anwalt mit dem Fachgebiet Einwanderung in Verbindung setzen, der mit Ihnen alle Optionen durchgeht, die für Sie in Frage kommen und schaut, wie viel der Ablauf kosten wird.

Auch bedeuten Optionen 2 und 3 viel mehr Papierarbeit und Onlinebewerbungen und man muss möglicherweise auch persönlich in der Botschaft des Vereinigten Königreichs in den USA erscheinen, aber diese sind die sichersten (und legalen) Vorgehensweisen, um in das Vereinigte Königreich zu kommen. Damit Sie die Komplexität der Visum-Situation verstehen können und sehen was getan werden muss, ist hier die Webseite, die alle nötigen Informationen über die Bewerbung eines Visums beinhaltet, angegeben www.ukba.homeoffice.gov.uk/countries/usa/applying

Rückblickend hatten wir nicht wirklich alle Auswirkungen und Zeitangaben der verfügbaren Optionen verstanden und Tatsache ist, dass wir es uns hätten erklären lassen sollen, aber wir sprachen nicht mit einem Immigrationsanwalt und nahmen Option 1. Da Steven Amerikaner ist und ich Brite bin, dachten wir, dass das logischerweise in Ordnung für uns sein sollte, das so zu machen. Jetzt weiß ich, dass das ein sehr riskanter Weg war, den wir nahmen!

Ehrlich gesagt ist das einer der Teile des ganzen Prozesses, bei dem ich jetzt merke, dass wir uns vielleicht die Dienste eines Immigrationsanwalts hätten bedienen sollen, doch man lebt und lernt.

Fragen, die jetzt gestellt werden sollten

a) Möchten Sie, dass Ihr Kind einen amerikanischen Pass bekommt?
b) Wie möchten Sie vorgehen, um den amerikanischen Pass für Ihr Kind zu bekommen? Über den beschleunigten Service oder auf normalem Weg?
c) Haben Sie mit einem Immigrationsanwalt darüber gesprochen, wie Sie Ihr Kind ins Vereinigte Königreich bringen?

24 REISEDOKUMENTE VON DER LEIHMUTTER

Bevor man sich von der Leihmutter trennt, muss diese ein Reise-Bewilligungs-Formular vor Ihrem Anwalt in den USA unterschreiben und vom Anwalt notariell beglaubigen lassen. Wir ließen Angela das zum gleichen Zeitpunkt machen, indem sie all die Gerichtspapiere für den Nach-Geburt-Antrag unterschrieb. Im Wesentlichen gibt Ihnen das das Recht als Eltern ohne die Leihmutter mit dem Kind zu reisen. Der Wortlaut, den wir dafür verwendeten, finden Sie im Anhang 4 – Ihr amerikanischer Rechtsanwalt wird etwas sehr Ähnliches aufsetzen, aber ich habe es hier angehängt, nur für den Fall, dass Sie es vergleichen möchten.

Die meisten Fluggesellschaften werden nach einem Dokument fragen, wenn nur ein Elternteil mit den Kindern reist, um sicherzugehen, dass die Kinder nicht ohne die Erlaubnis des anderen Elternteils aus dem Land entführt/weggenommen werden. Ich habe gehört, dass manche Fluggesellschaften den Transport ohne dieses Dokument verweigerten, also ist es gut, es zu haben.

Am besten macht jeder Vater das auch, dem anderen Vater erlauben, dass er mit den Babys reisen darf, nur für den Fall, dass einer von Ihnen mit den Kindern verreist. Wir haben das gemacht und obwohl wir vom Check-in-Personal bei British Airways nicht danach gefragt wurden, weiß man nie, ob sie das sehen wollen oder nicht.

Für dieses Formular übernahmen wir den Wortlaut der Reise-Einwilligungs-Erklärung der Leihmutter und änderten es so, dass Vater 1 die Erlaubnis erteilt, dass Vater 2 mit den Kindern reisen darf. Sie können das selbst machen und dann notariell beglaubigen lassen, was Ihnen Anwaltskosten und Ärger am Flughafen ersparen kann!

Fragen, die jetzt gestellt werden sollten

a) Besitzen Sie ein notariell beglaubigtes Reise-Bewilligungs-Formular

25 ENDLICH ZUHAUSE

Da waren wir also zurück in England und plötzlich holte uns die Realität Kinder zu haben ein. Während wir in den USA waren, war es fast so als wären wir im Urlaub mit den Kindern von jemand anderem. Und ich glaube, wir dachten, dass sobald wir wieder Zuhause sind, das Leben so weitergehen würde wie bisher. Wie falsch wir da lagen.

Erstens, war die erste Sache, über die wir uns wirklich im Voraus Gedanken machen hätten sollen, ob einer von uns Zuhause bleiben oder ob wir beide weiter arbeiten würden? Sollte einer von uns Zuhause bleiben – wer sollte das sein? Naja, wir hatten es nicht besprochen. Wir sind beide selbstständig, aber da Steven zur Zeit geschäftiger ist als ich war natürlich klar, dass ich der Vater sein würde, der Zuhause bleibt.

Wir wussten immer, dass wir uns sein weibliches Kindermädchen holen würden, das als ausgleichender weiblicher Einfluss für die Kinder agieren sollte (mehr über sie gleich). Und die Wahrheit ist, dass da wir eine Vollzeit-Nanny haben, tagsüber keiner von uns Zuhause bleiben musste. Aber wir hielten es besser für die Kinder, eine stabile Vaterrolle vom ersten Tag ihres Lebens an zu haben –ein Vater, der bei ihnen war, wenn sie aufwachten bis sie wieder einschliefen.

Jedoch bringt selbst das eine ganze Reihe von Problemen mit sich, da ich selbstständig bin, verdiene ich kein Geld, wenn ich nicht arbeite. Darum – wenn ich nicht arbeite und mein eigenes Geld einbringe, muss ich dann plötzlich Steven um Geld bitten? Etwas, das ich vorher nie tat, da ich immer sehr selbstständig war. Und wird es zu erwarten sein, dass ich als der Betreuer derjenige sein werde, der für alles, was für die Kinder gebraucht wird, zahlen werde?

Das allein ist eine lange Diskussion zwischen Paaren wert, da das ein sehr emotionales Thema ist, bei dem es darum geht zu klären, wer was zu tun haben wird. In der Realität sieht es so aus, dass jedes Paar anders ist und ich kann Ihnen wirklich keinen Rat dazu geben, da Ihre Situation nicht die gleiche sein wird wie bei jemand anderem. Also müssen Sie darüber sprechen – Kommunikation ist immer der beste Weg, um klarzustellen wer was übernimmt.

Glauben Sie mir, für Zwillinge einzukaufen, ist jedes Mal eine unglaublich teure Angelegenheit! Tatsächlich ist allein der Betrag für Kleidung, die sie brauchen werden, Shampoo, Feuchtigkeitscreme und Windeln beträchtlich. Dazu ist die Menge an Essen, das sie verputzen irrsinnig und bei einem Glas Babynahrung, das um die 10£ kostet, sind die Geldausgaben ziemlich hoch. Natürlich ist das nichts Neues für Menschen, die schon eine Weile eine Familie haben, aber für uns war es eine enorme Überraschung.

Wie ich bereits erwähnte, kommen zu den alltäglichen Dingen natürlich auch noch die Utensilien hinzu, die dazugehören, wenn man Babys hat: Hochstühle, Autositze, Kinderbetten, Lauflernhilfen, Badesitze... Tatsächlich ist die Liste endlos, da sie in jeder Phase ihres Lebens extra Sachen brauchen. Zum Glück gaben uns Geschwister und Freunde viele Sachen, aber trotzdem mussten wir auch vieles kaufen.

Im Anhang 2 habe ich eine Liste hinzugefügt, die uns unsere Säuglingsschwester schickte bevor die Kinder geboren wurden. Es ist wirkliche ein sehr umfassende Liste von so gut wie Allem, was Sie in den ersten paar Wochen möglicherweise brauchen könnten. Was ich Ihnen empfehlen würde ist, dass Sie erst die Sachen kaufen, wenn Sie sie brauchen. Auf diese Art enden Sie nicht darin zu viel zu kaufen und vieles zu haben, das Sie niemals verwenden. Das wird hoffentlich Ihre potentiellen Ausgaben reduzieren.

In dieser Phase und auf Anraten vieler Leute, einschließlich unserer Säuglingsschwester, stellten wir auch eine Vollzeit-Nanny ein. Sie arbeitet für uns von Montag bis Freitag von circa zehn Uhr morgens bis 19 Uhr abends und ist ehrlich gesagt eine Lebensretterin. Indem wir Desirees Routine benutzen, brauchen wir keine Nachtamme, da die Kinder um 19 Uhr schlafen gehen und nicht vor dem folgenden Morgen aufwachen.

Es hat etwas, eine unparteiische Person zu haben, die aushilft, wenn man erschöpf ist oder man sich mit Leuten treffen muss oder um ehrlich sagen zu können „hier hat jemand in die Windel gemacht" und sie die Kinder aus Ihren Händen nimmt und sie umpackt. Ich bin nicht abgeneigt Windeln zu wechseln, aber nach einer Zeit lang ist es einfach wundervoll jemand anderes dafür zu haben!

Hätten wir nicht die Mittel gehabt, unsere Nanny einzustellen, hätten wir uns unseren verworrenen Weg mit den Zwillingen und alles was dazugehört schon gebahnt. Falles es jedoch finanziell möglich ist, würde ich jedem, der Zwillinge bekommt, nahelegen sich jegliche Hilfe von außen zu holen, da es ihren gesunden Verstand retten wird.

Für unser Kindermädchen benutzen wir eine großartige Agentur, die sich für sie um ihre Steuersachen kümmert. Sie schickt uns ihre Gehaltsabrechnungen jeden Monat und lassen uns auch den Quartalsbetrag von Steuern und Sozialabgaben (Sozialversicherung) zukommen, den wir für sie zahlen müssen. Dieser Service kostet circa 200£ pro Jahr, aber er zahlt sich aus, da die Steuer für jemand anderes zu machen, ziemlich kompliziert ist.

Natürlich haben wir großes Glück sie uns leisten zu können. Wenn es in Ihrem Fall nicht finanziell möglich ist, müssen Sie einfach sichergehen, dass Sie irgendjemanden haben, der Ihnen helfen kann. Viele Menschen möchten kommen und helfen und mit den Kindern spielen, aber sogar mit einem Kindermädchen frage ich Freunde, die kommen, ob sie beim Supermarkt halten und Essen, Milch, Windeln oder irgendwas, das wir brauchen, kaufen.

Wir haben regelmäßig Freunde zu Besuch und das Wunderbare daran sie über das Wochenende da zu haben ist, dass während wir die Kinder baden und ins Bett bringen, sie Abendessen machen, den Tisch decken und alles vorbereiten, wenn die Kleinen ins Bett gehen. Das ist einfach absolut unglaublich.

Ich sage das, weil Sie in den ersten paar Monaten nicht einmal mehr die Zeit haben werden, um irgendetwas zu machen. Klingt als ob ich übertreibe, doch während man sich daran gewöhnt, Kinder zu haben und sein Leben an sie anpasst, ist alles eher voll und manisch. Ich erinnere mich an ein paar Tage, an denen ich merkte, dass ich nur zwei Mal am Tag 30 Minuten für mich hatte. Das erste Mal war um die Mittageszeit als ich endlich unter die Dusche kam und das zweite Mal um 16 Uhr während die Kinder schliefen und ich nicht gerade das Mittagessen oder das Abendbrot vorbereitete oder Kleidung wusch. Einfach verrückt!

Zum Glück nimmt der Wahnsinn ab, wenn man sich erstmal auf die neue Routine eingestellt hat, doch es ist auf jeden Fall ein Schock für das System. Obwohl ich das Gefühl habe, dass an jedem Punkt des Weges eine Form der Verrücktheit vorhanden ist und sie konstant mit einer Art Angst gemischt ist. Tatsächlich habe das Gefühl, dass das „Eltern sein" genannt wird.

Dann kommt noch hinzu, dass man mit seinem Partner an der eigenen Beziehung arbeiten muss. In unserer Situation arbeitet Steven unglaublich hart, was natürlich viele Stunden im Büro bedeutet und es gibt definitiv Zeiten, in denen ich es ihm übel nehme, dass er nicht Zuhause ist und mir mit den Kindern hilft. Das ist vollkommen unfair und ich weiß das, da er wirklich seinen gerechten Anteil tut nach den Kindern zu sehen, wenn er da ist. Tatsächlich tut er mehr als seinen Anteil, ich wünschte einfach nur, er wäre immer da. Dann wiederum denke ich, dass das das klassische Rätsel eines Elternteils ist, der mit den Kindern die ganze Woche Zuhause verbringt und sich wünscht, der Partner wäre hier.

Ich bin auch ein bisschen klischeehaft, da ich mich manchmal dabei erwische, wenn er ein Arbeitsessen oder einen Arbeitsdrink hat, wie ich sage „Ich bin Zuhause mit den Babys und du gehst aus und vergnügst dich". Wann veränderte ich mich zu dieser Person? Ich meine ernsthaft, wenn ich sage: Wie unvernünftig ist das denn!! Ich kann tatsächlich genau feststellen, wann ich mich veränderte – es war zu dem Zeitpunkt als unsere Babys kamen.

Bereiten Sie sich darauf vor, dass sich Ihr Leben komplett ändern wird und es spielt keine Rolle wie stark Ihre Beziehung war bevor die Kinder kamen. Sie werden manchmal mit Ihrer anderen Hälfte streiten. Tatsächlich sagte mir jemand einmal, dass jedes Paar wirklich sein Bestes versuchen sollte, sich nicht im ersten Jahr nach der Geburt des Kindes scheiden zu lassen – ich verstehe, warum mir dieser sehr weise Ratschlag gegeben wurde.... Es ist so wahr. Man muss einfach herausfinden welche Dinge erledigt werden müssen während man gleichzeitig verzweifelt versuchen muss nett zueinander zu sein.

Der andere Raschlage, der mir gegeben wurde, ist der sich Zeit zum Ausgehen mit dem Partner zu schaffen. Ich hatte in den ersten paar Monaten definitiv das Gefühl, dass wir nur Brandbekämpfung veranstalteten und ehrlich gesagt waren wir zu müde auch nur mit dem Gedanken zu spielen auszugehen oder überhaupt irgendetwas am Abend zu machen. Außerdem wollte ich nicht ausgehen und jemandem in unserem Haus allein lassen, von dem ich nicht wirklich denke, dass er fähig ist nach den Kindern zu schauen. Jedoch denke ich, dass man diesen wichtigen Teil des Rates beherzigen sollte.

Tatsache ist, dass wir mit der Zeit herausfanden (und bei uns war dieses bahnbrechende Datum als die Kinder sechs Monate alt waren), dass es uns nicht wirklich störte einen Babysitter für abends alle paar Wochen zu holen, sodass wir gehen konnten, um uns mit unseren

Freunden wieder zu treffen. Wir machen jetzt definitiv unser Bestes um Freunde zu haben, die vorbeikommen und beim Baden und Füttern helfen und danach dann zum Abendessen bleiben. Es ist eine neue Art der Sozialisierung, doch sie scheint im Moment bei uns zu funktionieren. Tatsache ist, dass es unglaublich ist wie man nach deiner Weile lernt bei den Kindern entspannt zu sein.

Fragen, die jetzt gestellt werden sollten

a) Wer von Ihnen (wenn überhaupt) wird der Elternteil sein, der Zuhause bleibt?
b) Haben Sie über die finanziellen Aspekte gesprochen wer für was bezahlt, das die Kinder betrifft, zum Beispiel: Essen, Kleidung, Ausbildung?
c) Möchten Sie die Sachen für das Baby im Voraus kaufen oder nach und nach sehen was Sie brauchen?
d) Möchten Sie ein Kindermädchen einstellen?
e) Möchten Sie mit Ihrem Partner abends ausgehen

26 KOSTEN

Das ist sie also, unsere Geschichte von Anfang bis Ende mit fast allen Höhen und Tiefen des Kinderkriegens via Leihmutterschaft in den USA. Es scheint eine unglaubliche Menge an Informationen zu sein, die man mitnehmen muss und ich empfehle Ihnen jedes Kapitel immer und immer wieder zu lesen. Natürlich wird jede Leihmutterschaft anders sein, doch die generelle Prozedur wird die Gleiche sein. Hoffentlich wird Ihnen dieses Buch dabei helfen, konkrete Fragen an jene stellen zu können, mit denen Sie sprechen und die mit dem Thema Leihmutterschaft zu tun haben.

Jedoch gibt es ein Hauptpunkt, über den ich nicht wirklich im Detail gesprochen habe und zwar wie viel uns das alles gekostet hat. Ich habe den Betrag den der Prozess insgesamt gekostet hat bis zum Ende des Buches nicht absichtlich ausgelassen – ich wette, dass Sie ohnehin nicht warten konnten und zuerst dieses Kapitel gelesen haben (ich weiß, dass ich es so gemacht hätte), doch es erschien mir keine andere Stelle logisch dies zu erwähnen, ohne dass ich Sie von dem ganzen Leihmutterschaftsprozess abgeschreckt hätte!

Keine Frage – Leihmutterschaft und vor allem in den USA ist eine sehr teure Angelegenheit. Einer der vorwiegenden Gründe warum ich dieses Buch geschrieben habe ist, weil ich glaube, dass mit erhöhter Transparenz hoffentlich die Kosten gesenkt werden können, indem mehr und mehr Wunscheltern den Prozess verstehen und ihre Kosten niedrig halten können.

Als Wunscheltern muss man diesen Prozess vom finanziellen Standpunkt gesehen unglaublich vorsichtig angehen, da man nicht auf halber Strecke plötzlich feststellen möchte, dass das Geld ausgeht. Sie werden viel Geld im Vornherein auf das Treuhandkonto überweisen, aber das berücksichtig nicht Dinge wie die Neugeborenen-Versicherung, Einwanderung oder den Elternantrag-Prozess – alles wichtige Teile des Ganzen.

Soweit wir versuchen können die Kosten für die involvierten Fachleute niedrig zu halten, wird das immer ein Geschäft für viele Menschen sein und natürlich sind die meisten Geschäfte dafür da Geld zu verdienen! Steven und ich finden es wirklich nicht gut, dass es Menschen auf der Welt gibt, die keine Familie haben können, weil sie es sich finanziell nicht leisten können und deshalb werden wir alles uns Mögliche tun, um die Kosten drücken und die Zahl jener Eltern via Leihmutterschaft erhöhen können!

Also zurück zu den tatsächlichen Zahlen – zusammengefasst haben wir letztendlich mehr Geld ausgegeben als wir von irgendjemandem gesagt bekommen haben und wir sind uns immer noch nicht sicher, ob das deren Schuld war oder unsere – obwohl es mehr als wahrscheinlich unsere Schuld war!

Wie ich bereits erwähnte, wurde uns ursprünglich gesagt, dass unsere Leihmutterschafts-Reise insgesamt zwischen $110.000 und $125.000 kosten sollte. Jetzt wo wir durch den Leihmutterschaftsprozess gegangen sind, denke ich nicht, dass das unbedingt der Fall ist. Am Ende haben wir genau das bekommen, was wir gewollt haben und an dem Tag, an dem Ihre Kinder geboren werden, sind die damit verbundenen Kosten vergessen– es ist immerhin verflossenes Geld (das Geld wurde ausgegeben und was Sie auch immer tun – Sie werden es nicht zurückbekommen) und zu sehen, dass unser Traum wahr wurde, ist einfach unbezahlbar.

Der grobe Rechnungsbetrag, den wir ausgaben setzte sich aus folgenden Leistungen zusammen:

- Leihmutterschaftsagentur und zusätzliche Ausgaben – $55.000
- IVF-Klinik – $53.000

- Leihmutter (Gesamtsumme aller Reisekosten, Kaiserschnitt und eine Zwillingsgebühr) – $35.000
- Versicherungsprämie und Zuzahlung – $34.000
- Eizellspenderin – $8.000
- Anwaltskosten in Arizona – $6.000

Zusätzlich muss man die drei Flüge nach Amerika, Hotelaufenthalte, Mietautos und all die anderen Dinge mitrechnen, die anfielen als wir über zwei Monate in den USA waren. Das kam auch noch dazu.

Zwei Dinge, die ich nicht in die Gesamtrechnung miteinbezogen habe sind die Kosten für unsere Säuglingsschwester und die Krankenschwester, die nach Angela nach dem Kaiserschnitt sah, da das ja nichts mit er Gesamtsumme des Leihmutterschaftsprozesses zu tun hatte.

Wie Sie also sehen können, investierten wir eine Menge Geld in unsere Familiengründung. Ich bin zuversichtlich, dass wenn wir jetzt den Prozess machen würden, in dem Wissen was wir tun müssen, es uns nicht so viel gekostet hätte wie es uns gekostet hat.

27 FINALE GEDANKEN

Wir werden regelmäßig gefragt, ob wir noch weitere Kinder haben möchten und ich denke, dass die Antwort darauf von zahlreichen Faktoren abhängt, der Wichtigste ist die Kostenfrage. Wenn Geld keine Rolle spielen würde, würde ich alle unsere eingefrorenen Embryonen über die nächsten paar Jahre einsetzen lassen und eine riesige Familie gründen. Doch die Realität ist, dass wir abwarten schauen müssen.

Ich werde auch gefragt, was ich anders machen würde. Eine weitere schwierige Frage. Jetzt, da ich den Ablauf von Anfang bis Ende kenne, denke ich, dass wir ihn viel zielsicherer und viel günstiger durchlaufen könnten.

Als erstes konnten wir uns für die Entscheidungen, die wir getroffen haben, nicht auf wichtige Informationen anderer verlassen. Zweitens wären wir jetzt in der Lage den ganzen Ablauf viel effizienter und deshalb Kostengünstiger abzuwickeln. Aber angenommen wir würden alles wieder so machen wie beim ersten Mal, wären die zwei Dinge, die ich ändern würde folgende:

- Ich würde ein Tagebuch darüber führen was, wann und warum wir taten was wir taten – viel in diesem Buch wurde auf unserem Weg geschrieben als wir unsere Entscheidungen fällen mussten, aber trotzdem umfasst es nicht alle Emotionen hinter diesen Entscheidungen. Ich denke, wenn man ein Tagebuch hat, das jeden Gedanken und jede Emotion detailliert beschreibt, die man zu bestimmten Zeitpunkten empfunden hat, würde etwas wirklich Schönes für unsere Kinder entstehen , die dann in den kommenden Jahren hineinschauen können.

- Ich würde eine Leihmutter von der Ostküste nehmen – so sehr wir Angela auch mögen, doch nach Arizona zu reisen war anstrengend und auch der Zeitzonenunterschied war schwer. Es gibt zahlreiche Tagesflüge zur Ostküste, also könnten für was auch immer schnell dort sein und keine großen Jetlags bekommen.

Wenn Sie die finanzielle Seite der Leihmutterschaftskosten in den USA strecken können, dann lassen Sie sich nicht von Ihrem Plan eine Familie zu gründen von der Gesamtsumme abbringen. Die USA sind die teuerste Option weltweit, aber sichern den rechtlichen Rahmen – und Steven und ich tun alles, was wir können diesen gesamten Ablauf offener und transparenter zu machen, was hoffentlich bedeutet, dass die Gesamtkosten eventuell sinken werden.

Wir hoffen beide, dass Sie in diesem Buch eine hilfreiche Informationsquelle gefunden haben und falls Sie uns kontaktieren möchten, um über sämtliche Punkte im Buch zu sprechen, dann gehen Sie bitte auf www.guidetosurrogacy.com und nutzen das „Kontaktformular" und wir werden so bald wie möglich auf Sie zurückkommen.

Eine letzte Sache, an die man denken sollte ist, wie meine Mutter sagte: „Wo ein Wille ist, ist auch ein Weg". Geben Sie also nicht auf – das Endergebnis ist jeden Cent wert, der investiert wurde.

ANHANG 1 – EINKAUFSLISTE

Mit freundlicher Genehmigung unserer Säuglingsschwester Desiree ist hier die Liste der Sachen, die wir gekauft haben als die Kinder geboren wurden.

Gesundheit und Hygiene/Baden

- Windeln
- Wischtücher
- Wundschutzcreme
- Baby-Badetücher
- Baby-Waschlappen
- Baby-Seife/Shampoo (Pumpspender)
- Baby-Lotion (Pumpspender)
- Kinder-Nagelknipser (einmal)
- Schnuller
- Nasensauger (der aus dem Krankenhaus ist der Beste)
- Vaseline (eine Drück-Tube, falls Sie einen Jungen haben und er beschnitten wird)
- Kinder-Thermometer

Ernährung

- Flaschen und alle passenden Teile dafür, die Sie kaufen werden (falls Sie eine Marke kaufen, die es nur in den USA gibt, versichern Sie sich, dass Sie ALLE Sauger-Größen kaufen, damit Sie sie nicht online suchen müssen, wenn Sie wieder im Vereinigten Königreich sind)
- Babynahrung
- Spucktücher (circa 20)

Wäsche

- Baby-Waschmittel (Waschen Sie alle Kleidungsstücke bevor die Babys zur Welt kommen)
- Fleckentferner

Kleidung und Bettwäsche

- Heimanzug
- Strümpfe (Frühchen-Größe)
- Kleidung für Neugeborene oder Schlafanzüge (6-8)
- Strampler (Kurzarm, beinfrei, circa 10. Bitte kaufen Sie auch Langarmstrampler, wenn das Baby im Herbst oder Winter geboren wird)
- Schlafanzüge (Langarm, mit Hose, circa 10)
- Windeldecken

Kinderzimmermöbel/Gadgets

- Kinderbett oder ähnliches, in dem das Baby schlafen kann
- „White Noise"-Maschine

Unterwegs

- Autositz (vergewissern Sie sich, dass Sie einen kaufen, der sowohl in den USA als auch im Vereinigten Königreich benutzt werden kann und auch, dass er für die nächste Größe geeignet ist – ansonsten ist das ein teurer Fehler – wie wir wissen!)
- Wickeltasche
- Kinderwagen
- Baby-Feuchttücher in Reisegröße
- Händedesinfektionsmittel

ANHANG 2 – DIE ROUTINE FÜR DIE ZWILLINGE

Hier die Routine, die die Zwillinge ab ihrer Geburt hatten bis sie circa 6 Monate alt waren und sie sich langsam änderte.

07:00 Uhr	Baby wecken, wickeln und füttern. Nach dem Füttern spielen und wachhalten bis circa 08:00 /08:30 Uhr
08:00/08:30	Wenn das Baby müde wird, hinlegen
10:00 Uhr	Baby wecken, wenn es noch nicht aufgewacht ist, wickeln und füttern. Nach dem Füttern, spielen und wachhalten bis circa 11:30 Uhr
11:30 Uhr	Wenn das Baby müde wird, hinlegen
13:00 Uhr	Baby wecken, wenn es noch nicht aufgewacht ist, wickeln und füttern
14:30 Uhr	Wenn das Baby müde wird, hinlegen
16:00 Uhr	Baby wecken, wenn es noch nicht aufgewacht ist, wickeln und füttern. Wenn das Baby müde wird, legen Sie es für ein kleines Nickerchen hin. Lassen Sie das Baby nicht länger als 20 Minuten schlafen. Nachdem Sie das Baby aufgewacht haben, kann es ein bisschen mürrisch sein. Da Sie sein Nickerchen gestört haben, ist das zu erwarten
18:00 Uhr	Beginnen Sie mit dem Abendritual
18:30 Uhr	Füttern Sie das Baby
19:00 Uhr	Legen Sie das Baby hin

Ich glaube nicht, dass wir uns allzu viel Stress damit gemacht haben, dass die Zeiten auf dem Plan zu 100% eingehalten wurden, aber sie sind dafür da, damit man die Routine erkennen kann. Wir merken, dass unsere Kinder genau wissen was sie zu jeder Tageszeit machen werden und das hilft ihnen sehr. Bitte beachten Sie, dass wenn Ihr Baby circa 6 Monate alt wird, sich die Routine langsam in eine 4-Stunden-Routine anstelle der 3-Stunden-Routine ändert.

07:00 Uhr	Füttern
09:00 – 11:00 Uhr	Nickerchen #1
11:00 Uhr	Füttern
12:30 Uhr	Feste Nahrung, falls zutreffend
13:00 – 15:00/15:30 Uhr	Nickerchen #2
15:00 Uhr	Füttern
18:00 Uhr	Abendritual
19:00 Uhr	Bett-Geh-Zeit

ANHANG 3 – REISE-EINVERSTÄNDNIS-ERKLÄRUNG DER LEIHMUTTER

Eidesstattliche Erklärung von „der Leihmutter"

Ich, *Vollständiger Name der Leihmutter* erkläre wie folgt:

1. Ich bin die leibliche Mutter von *vollständiger Name von Kind 1* & *vollständiger Name von Kind 2* („Kinder"), die am *Datum der Geburt* geboren sind
2. *Vollständiger Name von Vater 1* und *Vollständiger Name von Vater 2* („Väter") sind die biologischen Eltern von *Kind 1* und *Kind 2*
3. Ich habe volles Wissen darüber und erkläre hiermit, dass jeder der Väter ohne mein Beisein mit einem oder beiden Kindern reisen darf
4. Insbesondere willige ich ein, dass die Väter mit den Kindern ins Vereinigte Königreich und überall in den Vereinigten Staaten von Amerika reisen
5. Ich habe auch volles Wissen darüber und erkläre, dass jeder der beiden Väter allein mit den Kindern reisen darf
6. Sollte es Fragen jeglicher Art geben, können Sie mich unter *Telefonnummer der Leihmutter* erreichen

Unterschrieben unter Kenntnis der Folgen eines Meineids am ________________Tag, Monat, Jahr.

____

____

____

Unterzeichnet von *vollständiger Name der Leihmutter*

Bundesstaat XXX

Am *Datum* erschien *Name der Leihmutter* persönlich vor mir, dem unterzeichneten Notar und bewies mir durch ausreichenden Nachweis der Identifikation, die Person zu sein, die das vorangehende oder angehängte Dokument in meiner Gegenwart unterzeichnet hat und geschworen oder mir bestätigt hat, dass der Inhalt des Dokuments nach bestem Wissen und Gewissen wahrheitsgemäß und zutreffend ist.

Datum:

Bundesstaat XXX

Grafschaft ___________

____

Notar

Meine Bestellung zum Notar ist bis zum *Datum* gültig.

AFFIDAVIT OF "*SURROGATE*"

I, "*full name of surrogate*" declare as follows:

1. I am the birth mother of, *full name of child 1* & *full name of child 2* ("Children") born on.
2. "*Full name of father 1*" and "*Full name of father 2*" ("Fathers") are the biological parents of "*child 1*" and "*child 2*" respectively.
3. I have full knowledge of, and hereby consent to, each of the Fathers travelling with the Children without my presence, wherever they may choose with either one traveling with both Children.
4. Specifically, I consent to the Fathers travelling to the United Kingdom and anywhere in the United States with the Children.
5. I also have full knowledge of, and hereby consent to, either one of the fathers traveling alone with both children.
6. If there are any questions, please call me at "*surrogate's telephone number*".

Signed under the pains and penalties of perjury this ___ day of month, year.

____

Signed by "*full name of surrogate*"

STATE OF *XXX*

On this ____ day of "*month, year*" before me, the undersigned notary public, personally appeared name of surrogate, proved to me through satisfactory evidence of identification, to be the person who signed the preceding or attached document in my presence, and who swore or affirmed to me that the contents of the document are truthful and accurate to the best of her knowledge and belief.

Date: _____

State of *XXX*

County of ______________

____

___

Notary Public

My Commission Expires:

45233624R00087

Printed in Poland
by Amazon Fulfillment
Poland Sp. z o.o., Wrocław